JOSHUA

él y ella

dile sí
al cortejo

EDITORIAL
UNILIT

Publicado por
Editorial Unilit
Miami, Fl. 33172
Derechos reservados
© 2002 Editorial Unilit (Spanish translation)

Primera edición 2002

© 2000 por Joshua Harris
Originalmente publicado en inglés con el título: *Boy Meets Girl*
por Multnomah Publishers, Inc., 204 W. Adams Avenue, P. O. Box 1720,
Sisters, Oregon 97759, USA.

Todos los derechos de publicación con excepción del idioma inglés
son contratados exclusivamente por Gospel Literature International,
P. O. Box 4060, Ontario, CA 91761-1003, USA.
(All non-English rights are contracted through: Gospel Literature International.)

Traducido al español por: Gabriel Prada

Citas bíblicas tomadas de la Santa Biblia, revisión 1960, © Sociedades Bíblicas Unidas,
"La Biblia de las Américas", © 1986 The Lockman Foundation, "La Biblia al Día", ©
1979 International Bible Society, y Santa Biblia, Nueva Versión Internacional © 1999
por la Sociedad Bíblica Internacional. Usadas con permiso.

Producto 495230
ISBN 0-7899-0975-8
Impreso en Colombia
Printed in Colombia

A Shannon, mi novia.
Este libro es fruto
de tu estímulo,
humildad y sacrificio.
Te amo y aprecio.

Y a todos los miembros
de la congregación
Covenant Life Church.
Sus vidas me inspiran
a seguir escribiendo,
y sus oraciones,
hacen que sea posible.

Respuestas correspondientes al "Examen del cortejo"

1. El "cortejo" no es necesariamente más santo que una cita amorosa. Lee el capítulo 2. Allí encontrarás que lo más importante no son los términos que usamos, sino que nuestras vidas glorifiquen a Dios.

2. Lo siento, pero la respuesta no es besar. Lo mejor que puedes hacer con tus labios, es comunicarte. Lee el capítulo 6 para consejos prácticos sobre la verdadera comunicación.

3. Podemos considerar que el impulso sexual es bueno porque fue creado por Dios, y esperar para tener relaciones sexuales hace que el matrimonio sea mejor. Lee el capítulo 9 y comienza a planificar para disfrutar con la persona con la cual te cases de una emocionante vida sexual que ha de glorificar a Dios.

4. Gracias a Dios no existe tal cosa como un "policía de cortejo". Pero, de todas maneras, examina el capítulo 11 y verás cómo sería si en realidad hubiera uno. Este capítulo te ayudará a "considerar y vigilar" en tu relación, cuál es el nivel de preparación para el matrimonio.

Contenido

Creados el uno para el otro

¿Cuántas veces le pidieron a Adán que volviese a contar la historia? ¿Cuántos de sus nietos (especialmente sus nietas) le rogaron que les volviera a relatar cada detalle de la primera vez que vio a Eva?

¿Acaso podemos culparlos? ¿No crees que también te encantaría escuchar la historia de sus propios labios? Seguramente, los descendientes solteros de Adán no podían resistir la tentación de importunarlo para sacarle información ¿Era algo casi irresistible? ¿Quién estaría más calificado para contestar sus preguntas sobre el amor que uno de los participantes en el original encuentro de: "él y ella"?

Me imagino que una de estas conversaciones se desarrolló de la siguiente manera...

"Cuando la viste por primera vez, ¿qué le dijiste?"

Los ojos del anciano resaltaron de alegría.

"Al principio no dije nada", respondió él. "Creo que tropecé sobre una raíz, y ella se rió de mí. A ella le gustaba reírse de mí".

Soltó la mano de su joven acompañante y se inclinó para tomar una piedra lisa que yacía en el camino. Al volver a enderezarse, sonrió. Era una sonrisa distraída. Y una sonrisa llena de recuerdos.

La joven muchacha tiró tiernamente de su brazo. Su nombre era Elanna. Ella era la favorita entre sus innumerables tataranietos.

Pero ahora la chica se había convertido en una joven mujer, llena de vida y con muchas preguntas.

"Pero finalmente le hablaste", dijo Elanna, resuelta a sacarle entre mimos el resto de la historia.

"Yo estaba aturdido", respondió él meneando la cabeza de un lado a otro. "Mi mente ardía de curiosidad y de un nuevo tipo de felicidad. Frente a mí se encontraba una criatura de mi mismo tipo. Cada una de sus características traían consuelo a mis sentidos y me invitaban a un mayor acercamiento. Sus ojos devolvieron mi mirada con un sentir que emanaba desde lo más profundo de su alma".

El anciano hizo una pausa en medio de la narración. Los ojos de Elanna estaban desmesuradamente abiertos.

"Podrás entender mejor un momento como este cuando te suceda a ti también", continuó diciendo. "Cuando por fin encuentras el amor de tu alma, las palabras son insuficientes. A veces, el gozo que sientes te deja sin palabras. Cuando nos vimos por primera vez, yo deseaba susurrar y gritar, reír y bailar a la vez".

"Pero en lugar de eso pronunciaste un discurso", dijo Elanna bromeando. Su abuelo, o "El Primero", como respetuosamente todos le llamaban, era muy conocido por sus discursos.

"Pues sí, podrías llamarle un discurso. Supongo que eso mismo fue, un discurso. Mis primeras palabras ante ella debieron haber sonado completamente fuera de lugar. Pero lo que el acontecimiento demandaba era formalismo. Era algo trascendental. Los animales se juntaban a nuestro alrededor, y el Creador estaba esperando una respuesta de mi parte".

Elanna deslizó su brazo y tomó la mano de su abuelo, mientras se acercaban a un claro en medio del bosque. Era como una catedral natural que se había formado entre los árboles, donde se reducía la luz del sol dejando ver motas como puntos pintados sobre el terreno cubierto de musgo.

"Bueno, abuelo, cuando lo describes de esa manera, es fácil entender el porqué de tus primeras palabras", dijo ella. "Era una inauguración".

"Sí. Era una ceremonia de dedicación de ella, de ambos, ante el Creador. Le puse nombre igual que hice con los animales, pero su nombre era un reconocimiento de que una vez más, y más hermoso que nunca, el Creador había creado algo que era muy bueno —Él nos creó el uno para el otro".

Entonces dejó de caminar y se paró firmemente erguido. Y con voz profunda comenzó a recitar las mismas palabras que habló aquel día, mucho tiempo atrás:

> *Esto es ahora hueso de mis huesos*
> *Y carne de mi carne;*
> *Ésta será llamada Varona,*
> *Porque del varón fue tomada.*

Cuando hubo terminado, ni el anciano ni la joven expresaron palabra alguna por lo que pareció ser bastante tiempo. Los sonidos del bosque inundaron el silencio.

"Qué hermoso", dijo ella finalmente en reverente susurro.

"Elanna"...

"¿Sí, Abuelo?"

"Haces estas pregunta porque también anhelas encontrar algún día el amor de tu alma. No finjas que no lo sé, hija. Tienes los mismos ojos de tu Primera Madre y la misma mirada que ella tenía cuando la echaba de menos en el Jardín. Pero tú, echas de menos a alguien que aún no has conocido. Quieres correr a lo largo del tiempo y ver cómo será ese primer encuentro. Deseas saber cómo estar segura de poder conocerlo. En realidad no tienes por qué preocuparte".

"Pero no me parece que es justo", dijo Elanna, con palabras nacidas de la frustración. "Para ti fue tan fácil. El Creador trajo a la Abuela ante ti. Ella era la única mujer para ti. ¡De hecho, ella era la única mujer!"

"Hija"...

"Pero aquí, ahora, todo es tan diferente, tan confuso".

"No es más confuso", dijo él con dulzura. "Sólo parece serlo. Tal y como lo has expresado, nuestro primer encuentro fue 'fácil'", pero no porque éramos los único seres humanos, sino porque en aquellos dulces días antes de haber desobedecido, confiábamos sin reservas que el Creador iba a proveer sólo lo que era bueno".

Tomó en ambas manos el rostro de la joven y levantó su cabeza para poder mirar en sus ojos. "Mi querida niña, lo que debes procurar ver es que nada ha cambiado. Cuando el Creador traiga un esposo a tu lado, estarás consciente de que fue Él quien los creó, el uno para el otro, y que fue Él quien planificó su encuentro. Y en ese momento, tal y como lo hicimos nosotros, desearás elevar un cántico de alabanza a Él".

Primera **parte**

Reflexionando sobre el romance

Capítulo **uno**

Él y ella
se conocen

Lo que he aprendido desde que
Le dije adiós a las citas amorosas

El reloj marcaba las 5:05 p.m., y para Shannon, su día de trabajo había concluido. Ella disfrutaba su trabajo en la iglesia, pero estaba ansiosa por llegar a casa y disfrutar de un merecido descanso.

Comenzó con su familiar rutina al final de cada día: organizó su escritorio, apagó el computador, regresó a su lugar una foto que había en su librero, tomó el abrigo del ropero y se despidió de sus compañeras. "Adiós, Nicole", le dijo a la chica en la oficina adyacente. "Hasta mañana, Helen", fue el saludo a la recepcionista.

Se dirigió a través del silencioso vestíbulo y empujó una de las pesadas puertas de cristal. El viento invernal la hizo tiritar mientras caminaba por el parcialmente despejado estacionamiento. Subió a su auto usado, un Honda Accord color azul marino, cerrándole las puertas al frío.

Acercó las llaves a la ignición, y entonces hizo una pausa. Allí, a solas, en medio del silencio, brotaron las emociones que había mantenido a raya durante el día. Lágrimas inundaron sus ojos. Inclinó la frente sobre el volante, y comenzó a llorar.

"¿Por qué, Señor?", dijo en voz baja. "¿Por qué es tan difícil? ¿Qué se supone que haga yo con estos sentimientos? Si no proceden de ti, te ruego que los quites".

Yo solía ver desde mi ventana a Shannon, mientras se dirigía hacia su auto al final de cada día. Mi oficina estaba frente al estacionamiento. ¿Qué estará pensando? Me preguntaba a mí mismo. Tenía ansias de conocer más sobre su persona; trascender más allá de nuestras conversaciones corteses como amigos casuales y compañeros de trabajo, y llegar a conocerla íntimamente.

Pero, ¿era el momento adecuado para hacerlo? Mi corazón se había equivocado tantas veces. ¿Podría volver a confiar en mis sentimientos? ¿Mostraría ella interés en mí también?

Desde mi perspectiva, Shannon Hendricks parecía ser una chica alegre, segura y que no se había percatado de mi existencia. Yo estaba seguro de que a ella le gustaba otro chico. Al verla alejarse en su auto, elevé en un susurro mi propia oración. *¿Cuál es tu voluntad, Señor? ¿Será ella la chica para mí? Ayúdame a ser paciente. Muéstrame cuándo es que debo actuar. Ayúdame a confiar en Ti.*

¿Cómo iba yo a saber que la chica que se alejaba en el Honda color azul marino estaba llorando, o que yo era la causa de sus lágrimas?

Tres meses más tarde...

Yo tenía veintitrés años de edad, pero mis manos se comportaban como si jamás hubiesen marcado un número telefónico. Tomé mi teléfono inalámbrico como si este fuera un animal salvaje tratando de escapar, y lo intenté otra vez.

Puedes hacerlo, dije animándome.

El teléfono sonó tres veces antes de activarse la grabadora de mensajes. Ella no se encontraba en casa. Hice rechinar mis dientes. ¿Debo dejar un mensaje? La máquina marcó el tono, y me lancé de pecho.

"Hola Shannon, te habla Josh... aaah, Harris".

Yo estaba seguro de que mi voz delató cuán nervioso me sentía. Nunca antes la había llamado a su casa, y tampoco tenía una excusa relacionada con el trabajo o la iglesia para hacerlo.

"Ummm... ¿podrías llamarme cuando tengas la oportunidad de hacerlo? Gracias". Colgué el teléfono sintiéndome muy ridículo.

Sesenta y cuatro agonizantes minutos después de haber llamado estuve analizando si el mensaje que dejé grabado sonaba imperturbable y tranquilo. Entonces sonó el teléfono. Respiré profundo y contesté.

Era Shannon

"Hola, gracias por devolverme la llamada. ¿Cómo estás?"

Hablamos varios minutos sobre su día, y tratamos con todas nuestras fuerzas de tener una conversación "común y corriente", a pesar de que ambos sabíamos que mi llamada telefónica era la cosa menos común y corriente del mundo. Finalmente llegué adonde quería llegar y le pregunté si al día siguiente podíamos reunirnos después del trabajo en la cafetería Einsteins. Y ella dijo que sí.

Y, antes de colgar, compartí con ella una ambigua explicación sobre la razón de ser de nuestra cita. "Necesito hablarte... sobre un chico que conozco, y que está enamorado de ti".

Buenas preguntas

Quizá para la mayoría de las personas la llamada telefónica que le hice a Shannon no parezca ser nada del otro mundo, pero para mí, era algo monumental.

¿Por qué? Porque cinco años atrás yo había dejado de salir a citas amorosas. Sé que esto les puede sonar extraño, pero permítanme explicar. Yo había llegado a la conclusión de que el estilo de vida caracterizado por relaciones a corto plazo era un impedimento para servir a Dios como joven soltero. Y aunque no dejé mi vida social ni dejé de tener amigas, y tampoco perdí mi deseo de algún día casarme, sí, le dije adiós a las citas amorosas.

Esta nueva experiencia estaba diametralmente opuesta a mi estilo de vida pasado. A mí siempre me gustó coquetear, y vivía entregado a la emoción del romance. Para mí, rechazar el jueguito de los amoríos y las citas representaba un cambio sísmico.

Mi cambio de perspectiva comenzó después de haber terminado la relación con una chica con la que había estado saliendo por dos años. Nuestra relación era un área de mi vida que yo había rehusado someter al señorío de Cristo. Cuando la relación terminó, Él comenzó a mostrarme cuán egoísta yo era. Había usado a la chica para satisfacer mis propios deseos pecaminosos. Y aun cuando no llegamos a consumar nuestra relación, yo había sido el causante de hacer que ella participara en una relación física pecaminosa. La herí. Y quebranté muchas promesas.

Por primera vez en mi vida, comencé a cuestionar cuál era el efecto de mi fe cristiana sobre mi vida amorosa. Tenía que haber algo más aparte de: "no tengas relaciones sexuales" y "sólo puedes salir con jóvenes cristianas". ¿Qué significaba verdaderamente amar a una chica? ¿Cómo se sentiría ser verdaderamente puro, en mi cuerpo y en mi corazón? Y, ¿cómo quería Dios que yo invirtiera mis años de soltero? ¿Era este un tiempo dedicado únicamente a exponer las chicas a una prueba romántica?

Lentamente, y a pesar de mi resistencia, Dios comenzó a quitar capa tras capa de pensamientos erróneos, valores y deseos equivocados. Él cambió mi corazón. Y al ir cambiando mi corazón, me percaté de que mi estilo de vida también tenía que cambiar.

A los veintiún años de edad, escribí sobre mi experiencia en el libro titulado *Le dije adiós a las citas amorosas*. Mi anhelo era retar a otros jóvenes solteros para que reconsideraran a la luz de la Palabra de Dios la manera en que corrían tras el romance. "Si en realidad no estamos preparados para establecer un compromiso, ¿cuál es la razón entonces de involucrarnos en una relación romántica, íntima?" E hice la siguiente pregunta: "¿Por qué no disfrutar de una amistad con el sexo opuesto, pero hacer uso de nuestras energías como jóvenes solteros para servir a Dios?"

Sorprendentemente, Dios proveyó una casa editora dispuesta a imprimir mi libro con su extraño título. Y para sorpresa de todos, el libro se vendió. Resultó ser que además de mí, también había muchas otras personas que estaban reflexionando sobre este asunto del romance. He recibido miles de mensajes por correo electrónico, tarjetas y cartas de solteros, de todas las edades, de todo el mundo. Todos desean compartir sus historias, hacer preguntas y solicitar consejos.

Al ir llegando las cartas por montones, pude reconocer que inmerecidamente, Dios había usado mi libro para ayudar a varias personas, pero que también había creado un sinnúmero de preguntas.

Por ejemplo: Si no participas en citas amorosas, ¿cómo entonces vas a terminar casado? Una chica escribió: "Deseo evitar los escollos que nuestra cultura ha implantado respecto al asunto del romance, pero, ¿cómo puedo intimar con un chico lo suficiente como para estar segura de que deseo casarme con él? ¿Qué relación existe entre la amistad y el matrimonio?"

El tema principal de *Le dije adiós a las citas amorosas* fue: "Si no estás preparado para el matrimonio, no te involucres en el romance". Pero ahora mis colegas solteros preguntan: "¿Cómo puedes saber si estás preparado para el matrimonio? Y una vez estés preparado para el matrimonio, ¿qué debes hacer?"

Honestamente hablando, yo no había llegado a una conclusión sobre estos asuntos. Mi intención nunca fue llegar a ser un experto en relaciones. Las mismas preguntas que mis lectores hacían, eran las mismas que pesaban sobre mi corazón.

Y esta es la razón por la cual mi llamada telefónica a Shannon, era un asunto tan importante para mí. Yo había llegado hasta un punto donde me sentía preparado para enfrentarme al matrimonio, y me sentía muy atraído hacia ella. ¿Y ahora qué? Por cinco años, yo había experimentado la fidelidad de Dios al decidir no involucrarme en el romance; ahora daba los primeros pasos hacia lo desconocido, confiando que Él continuaría siendo fiel al yo decidir ir en busca del romance.

El chico que le "dijo adiós a las citas amorosas", estaba a punto de "extenderle un saludo al cortejo".

La mesa de esquina

La tarde siguiente llegué temprano a mi cita con Shannon. La cafetería Einstein Bagels, es un sitio favorito para almorzar en la ciudad de Gaithersburgh; durante las noches permanece casi vacío. Escogí una mesa aislada en una esquina al lado izquierdo del restaurante. La mesa estaba algo sucia, así que le pedí a la camarera que la limpiara. Todo debía estar perfecto. Fui al baño y examiné mi peinado. "Oh, qué importa", le dije finalmente al espejo.

De regreso en la mesa, esperé inquieto en mi silla. Me pregunté si debía levantar los pies sobre una silla. ¿Me haría ver más relajado? No, parece demasiado despreocupado. ¿Y, qué tal un solo pie? No. Da la impresión de que estoy herido. Finalmente decidí dejar ambos pies plantados en el suelo.

Una avalancha de energía nerviosa corría por mi cuerpo cada vez que pensaba en la conversación que estaba a punto de tener. Yo mismo no creía lo que estaba haciendo, que en tan sólo unos breves minutos ella estaría sentada frente a mí.

Shannon Hendrickson y yo habíamos sido amigos aproximadamente un año. Ambos trabajábamos en la misma oficina. Ella era una de las secretarias, y yo cursaba un internado. Lo primero que noté de Shannon fueron sus ojos color azul-gris verdoso, que brillaban cuando ella sonreía. Lo segundo que noté fue lo diminuta que era. Midiendo exactamente cinco pies de estatura, Shannon define la palabra *pequeña*. Y eso me gustó. Debido a que yo sólo mido cinco pies con seis pulgadas de estatura, es raro encontrar una chica que levante sus ojos para verme.

Me percaté de ella un domingo cuando compartió con el resto de la congregación su testimonio de conversión. Dos años y medio atrás, ella no tenía interés alguno en conocer de Dios. En aquel entonces había regresado a Maryland desde la universidad en New Hampshire, donde disfrutaba de un estilo de vida fiestero típico. Era un estilo de vida vacío y egoísta —una vida dominada por el pecado—. De regreso en casa, se dedicó con todo su empeño a hacer realidad el sueño de convertirse en una cantante profesional. Pronto, mudarse a la ciudad de Nashville le pareció ser el próximo escalón en su carrera hacia el estrellato. Así era ella. Sus padres se habían divorciado cuando tenía nueve años de edad, y su padre la enseñó a valerse por sí sola. Ella se trazaba una meta, y hacía lo imposible por alcanzarla.

Antes de partir para Nashville, quiso tomar algunas clases de guitarra. Comenzó a buscar maestro, y un amigo la refirió a un guitarrista llamado Brian Chesemore quien buscaba estudiantes. Lo que Shannon no sabía era que Brian era cristiano, y que siempre estaba procurando nuevas oportunidades de compartir su fe con los demás. Las clases de guitarra resultaron ser su salvavidas.

Después de varias lecciones, Brian le contó a Shannon cómo fue que Jesús cambió su vida. Ella escuchó respetuosamente, pero le dijo que nunca podría vivir como él. "Te respeto, pero eso no es para mí".

"¿Crees que vas a ir al cielo?", le preguntó Brian con gentileza.

"Pienso que soy una buena persona", respondió ella.

Pero su confiado rechazo no era otra cosa que una actuación. No podía dejar de pensar en las preguntas que le había hecho Brian. ¿Y qué si en realidad Dios existe? Y si existe, ¿estaría ella dispuesta a vivir para Él?

En secreto, Shannon comenzó a estudiar sobre el cristianismo. Leyó el libro de Romanos, el cual la describe no como una "buena persona", sino como una pecadora con necesidad de un salvador. Visitó una librería cristiana y solicitó algún libro que la ayudara a examinar los reclamos del cristianismo. "Es para un amigo", dijo ella. Y se marchó de la librería llevando consigo el libro de Josh McDowell titulado "Más que un carpintero", el cual le presentó evidencia histórica relacionada con la vida de Cristo, su muerte y su resurrección.

Dios estaba atrayendo a Shannon hacia Él. Gradualmente estaba reduciendo su orgullo e independencia, y despertando a la vez en su interior un deseo por Su persona. Una noche, mientras se encontraba a solas en su habitación, se arrepintió de su pecado y estilo de vida egocéntrico, y creyó en el Salvador; el que había muerto por ella.

Algo mejor

En mis años de crecimiento, mi deseo siempre fue casarme después de haberme enamorado a primera vista. Pero resultó ser que mi gran oportunidad para experimentar un "momento de amor a primera vista", pasó por encima de mi cabeza, y pasó inadvertido.

Resulta ser que el domingo que escuché a Shannon relatar su historia, estaba interesado en una chica llamada Rachel. De hecho, esa mañana me encontraba sentado al lado de la madre de Rachel. Y cuando Shannon terminó de compartir su historia, la mamá de Rachel se inclinó e hizo notar "qué linda chica" era Shannon; declaración que ahora me parece algo irónica.

Dios me tendió una trampa.

Mientras yo estaba sentado al lado de la madre de *mi* plan para mi futuro, Dios estaba desfilando frente a mis propios ojos, *Su* plan para el futuro. Él había trazado un curso para mi vida que era más maravilloso que cualquier otra cosa que yo me hubiese inventado. Y Él estaba asegurándose de que en los días subsiguientes, yo nunca tendría que cuestionar el hecho de que su buen plan había sido originado en *Su* propia mente.

Tres meses después, Shannon y yo nos encontramos trabajando juntos en las oficinas de la iglesia. Nos hicimos amigos al instante, pero yo no estaba pensando en nada más, aparte de una amistad. Cuando alguien me preguntó si estaba interesado en ella, pensé que era una pregunta tonta. Shannon era una gran chica, dije, pero no es el tipo de persona con la que he pensado casarme.

Además, nuestros antecedentes son muy diferentes. Ella era recién convertida y venía de un hogar roto. Probablemente yo me iba a casar con una mujer que cursó estudios en casa y fue criada en la iglesia igual que yo —alguien como Rachel.

Pero sobre el curso de los próximos seis meses, mis planes por un futuro al lado de Rachel comenzaron a desenmarañarse como un suéter barato. Recuerdo la tarde cuando me enteré que Rachel estaba enamorada de otro tipo. Rachel y yo sólo éramos amigos y ella nunca me ilusionó, pero aun así, me dolió. Necesitaba hablar con Dios. Cerré la puerta de mi oficina, y no me pareció ser lo suficientemente privado, así que me introduje con dificultad en el pequeño armario de mi oficina y cerré la puerta.

Y allí, en la oscuridad, comencé a llorar. Yo no estaba enojado con Rachel; ni estaba amargado. Lloré porque sabía que Dios estaba detrás de todo el asunto. Había sido él quien cerró la puerta a una relación con Rachel, y lo hizo por mi propio bien. Me sentí abrumado al pensar que el Dios del universo estaba dispuesto a involucrarse en los detalles de mi vida, de tal manera que estaba dispuesto a extender su mano y cerrar una puerta por la cual no quería que yo entrase.

Y mientras lloraba, comencé a pensar en Él. "No comprendo, pero te doy las gracias", dije. "No comprendo, pero sé que me estás quitando esto porque tienes algo mejor".

Ese fue un día de cambio decisivo. Dejé de confiar en mis detallados planes, y le pedí a Dios que me mostrara los suyos.

Un cambio de corazón

Alrededor de esta época fue cuando comencé a ver a Shannon con nuevos ojos. Su bondad hacia los demás captó mi atención. Tenía gran pasión por Dios, y su nivel de madurez era sorprendente dado el corto tiempo que llevaba de creyente. ¿Cómo podría explicarlo? Sencillamente, comenzó a estar presente en mis pensamientos y oraciones. Anhelaba que se presentaran oportunidades para verla y dialogar con ella. Lo que aprendí de ella a través de nuestra interacción personal, y lo que escuché de otros, me causó gran impresión. Y noté que todas las razones que yo tenía para no interesarme en, ella eran superficiales. Dios estaba cambiando mi corazón.

Todo esto hizo que los meses previos a mi llamada telefónica fuesen una tortura. Pasé por la etapa de "no debo distraerme con esto". Y luego por la etapa "estoy distraído por esto". Y finalmente, la etapa "voy a batallar en contra de esto", en la cual juré no pasar más la vista alrededor de ella, y tracé una nueva ruta en la oficina, para evitar tener que pasar frente a su escritorio diez veces por hora, algo que me encontré haciendo "sin querer".

Durante esta época, yo estaba viviendo en casa de mi pastor C. J. Mahaney. Como mis padres residían muy lejos en el estado de Oregon, C. J. y su esposa Carolyn se convirtieron en mis segundos padres. A ellos les hablé de a mi interés por Shannon. Sus consejos me ayudaron a mantenerme en el camino debido: "No permitas que la impaciencia te domine. Sé su amigo, pero no le comuniques tu interés hasta que estés listo para comenzar una relación que tenga un propósito definido y dirección. No debes jugar con sus sentimientos".

No fue nada fácil. Comencé a vacilar entre la convicción de mantener escondidos mis sentimientos, y el impulso de enviarle señales, con el único fin de averiguar si el interés era recíproco. Para mí sería mucho más fácil confiar en Dios, si supiera que ella me quiere, argumenté yo. Pero en lo más profundo de mi ser yo estaba seguro de que esto no era cierto. Tenía que comportarme como todo un hombre, y probar las aguas sin un compromiso definido; no sería lo justo para ella.

Comencé a solicitar el consejo de las personas de mayor confianza en mi vida, mis padres, mi pastor, y ciertas personas de la iglesia que nos conocían a Shannon y a mí. ¿Estaba espiritual y emocionalmente preparado para el matrimonio? ¿Podría proveer para una esposa y familia? ¿Acaso era este el tiempo de Dios para comenzar una relación seria? Mis oraciones aumentaron vertiginosamente.

En vez de menguar, mis sentimientos por ella aumentaron. Mi círculo de asesores no me daba otra cosa excepto ánimo en cuanto a involucrarme en una relación. Yo no sabía si Shannon y yo nos iríamos a casar; percibí que Dios me estaba dirigiendo a dar el próximo paso.

Y la mesa de esquina en el restaurante Einstein era el lugar. Las innumerables oraciones y conversaciones me habían llevado hasta este momento. Después de varios meses de estar escondiendo de Shannon mis sentimientos, estaba a punto de darlos a conocer.

Shannon entró por la puerta justo a tiempo. Parecía estar calmada. Caminé hacia el frente del restaurante para recibirla, y luego nos pusimos en fila para ordenar algo de comer. Miré el menú en la pared y fingí que lo estaba estudiando; la comida era la cosa más lejana que había de mi mente.

"¿Tienes hambre?", le pregunté.

"No, en realidad no".

"Ah, yo tampoco. ¿Deseas algo de beber?"

"Sí, por favor".

Ambos ordenamos una soda, y nos sentamos.

Ya no había forma de aplazar lo inevitable.

"Quizá ya sabes de qué se trata todo esto", comencé diciendo. "Pero el chico del que te quería hablar... ya sabes, ¿el que está interesado en ti? Pues... soy yo".

Una nueva temporada

Un restaurante que se especializa en vender pan "bagel", no es el sitio más romántico para decirle a una chica que estás enamorado de ella. Pero esa noche, el romance no era la prioridad. La intención no era pasar un tiempo muy sentimental. Yo no le propuse casarnos, ni le dije que estaba locamente enamorado de ella, y ella tampoco se desmayó.

Lo que sí le dije fue que a lo largo de nuestra amistad, había aprendido a respetarla. En aquel momento yo no podía saber si en verdad éramos el uno para el otro, pero que deseaba averiguarlo. Le pedí que diera un paso conmigo hacia una relación de cortejo, a una nueva temporada de amistad. El propósito de esta temporada sería el profundizar en nuestra relación, y así poder explorar en oración y con un propósito definido la posibilidad de entrar juntos al matrimonio.

En realidad no lo dije tan bien. Estuve balbuceando, me reí nervioso, y en ningún momento fui elocuente. Lo que sí importa, le dije a ella, es que nuestra relación tenga dirección, y que esté claramente definida. Yo no deseaba jugar con ella. Y aunque deseaba salir con ella, mi interés no radicaba en salir con ella sólo por hacerlo y nada más. Por encima de todo lo demás, lo que deseaba era agradar a Dios, y averiguar si el matrimonio era parte de Su plan para nosotros dos. Yo deseaba que en el futuro pudiésemos considerar este proceso, y pensar en él con cariño y sin remordimientos —sea que estuviéramos o no casados.

"No tienes que darme una respuesta esta noche", le dije. "Puedes tomar todo el tiempo que necesites para pensarlo". Y entonces me callé.

Shannon no expresó palabra alguna por un breve momento. Miró su soda, y jugó con su pajilla de beber.

"Bueno", dijo ella finalmente: "Yo podría torturarte alargando este asunto y dejándote en espera de una respuesta. Me entiendes, ser 'misteriosa.' Pero puedo decirte en este momento que estoy dispuesta a intentarlo. No quiero darte la impresión de que le resto importancia, ni que pienses que no necesito orar al respecto"... Entonces hizo una pausa. "Pero es que ya he estado orando sobre este asunto".

¿Que ella había estado orando por mí? ¿Que había estado *pensando* en mí?

Yo deseaba brincar, correr y gritar como un loco por todo el restaurante. En vez de esto, sólo asentí con la cabeza y dije: "Qué maravilloso".

Comienzo de una aventura

Este libro es mucho más que la historia de lo que aprendí sobre el amor, el romance y sobre Dios durante mi noviazgo con Shannon Hendrickson. Es un libro para personas que saben que hay algo errado con la manera en que nuestra cultura hace las cosas, pero no están muy seguros de qué deben colocar en su lugar. Es un libro repleto de historias sobre gente soltera; gente común y corriente que se esfuerza por honrar a Dios en sus relaciones. Es un libro sobre principios bíblicos sencillos que han transformado vidas.

He aquí lo que vas a encontrar en las tres secciones del libro:

La primera parte, muestra que lo más importante en la mayoría de las relaciones entre cristianos, no es si usamos el término citas amorosas o noviazgo (cortejo), sino que vivamos para glorificar a Dios. Veremos, que cuando permitimos que la sabiduría sea la que guíe nuestros sentimientos románticos más intensos, nuestras relaciones serán bendecidas con paciencia, propósito, y un claro dominio de la realidad. La historia de una pareja en particular nos ayudará a reconocer cuándo es que estamos preparados para comenzar una relación y con quién. Y también veremos cómo es que Dios pretende usar este proceso para llevarnos a ser cada vez más como Él.

La segunda parte, entra de lleno en los asuntos prácticos de lo que he llamado "la temporada de cortejo". Aprenderemos cómo crecer en intimidad, y aun así, proteger nuestros corazones en áreas tan importantes como la amistad, la comunicación, el compañerismo y el romance. Hablaremos en forma específica sobre nuestros papeles como hombres y mujeres. Durante este tiempo, examinaremos la importancia de la comunidad. Entonces dialogaremos con franqueza sobre la pureza sexual, y cómo podemos prepararnos para una maravillosa vida sexual dentro del matrimonio.

La tercera parte le brinda ayuda a las parejas que están considerando con mayor seriedad honrar a Dios en el camino hacia una relación matrimonial. Veremos de qué manera la gracia de Dios nos ayuda a enfrentar el pecado en nuestro pasado. Haremos algunas preguntas difíciles antes de hacer un compromiso matrimonial, incluyendo la importante pregunta: "¿Debemos continuar juntos hacia el matrimonio, o debemos acabar con este noviazgo?" Finalmente, meditaremos en el hecho de que la gracia de Dios es nuestra máxima fuente y recurso de confianza al unir nuestros corazones y vidas en un voto matrimonial.

Como puedes ver, la meta de *Él y ella*, es ayudarte a colocar a Dios en el mismo centro de tu vida amorosa, y mostrar que el peregrinaje de amistad a matrimonio, de, "¿Cómo estás? Me alegra conocerte" a "Sí, lo prometo", debe ser visto como una oportunidad para deleitarte en las alegrías del amor, así como de disfrutar, honrar y glorificar al Creador del amor.

Cuatro años atrás, siendo un joven soltero, escribí el libro *Le dije adiós a las citas amorosas,* con el fin de retar la manera en que el mundo piensa del romance y cómo se enfrenta a él. Hoy, como hombre recién casado, escribo *Él y ella*, para celebrar el romance al estilo de Dios. He visto cuán bueno es. Ahora, deseo animarte a que te atrevas y confíes a Su cuidado, tus sueños de encontrar el verdadero amor.

Capítulo dos

Por qué las citas amorosas o el noviazgo, no es el asunto primordial

Trascendiendo el debate sobre términos,
y de vuelta a lo que verdaderamente importa

Mi amigo Andy está enamorado. Es casi imposible hablar con él por más de dos minutos sin que él te agarre por los hombros, y te sacuda violentamente mientras grita: "¡Estoy enamorado! ¿Puedes creerlo?" Su entusiasmo es contagioso.

En este momento, el desaliñado rubio está tratando de decidir cuándo y dónde le va a pedir a su novia Lori, que se case con él. Él ya tiene el anillo; lo único que está esperando es que llegue el momento perfecto. "Ella está tratando de adivinar cuándo voy a proponerle matrimonio", dice él mientras se ríe. "Me vuelve loco". Yo le digo: "¿Podrías tranquilizarte y dejarte sorprender?"

Estos dos estudiantes universitarios de cuarto año tienen mucho a su favor. En primer lugar, gozan de una sólida amistad, la cual comenzó antes de haberse creado un interés romántico entre los dos. En segundo lugar, aman a Dios profundamente, y, en todo momento se han esmerado por honrarle a lo largo de su relación. Y en tercer lugar, en su iglesia están rodeados de amigos que los apoyan y asesoran.

¿No es cierto que esto suena bastante bien?

Por supuesto. Pero no es suficiente. Por lo menos, así es como Andy se siente a veces. ¿Por qué? Porque su relación con Lori es diferente a la relación de otras parejas en su iglesia. Al examinar otras parejas que Andy admira, él tiene la impresión de que un verdadero romance cristiano significa que dialogas en secreto con los padres de la chica, aun antes de que ella sepa que le gustas, y que desde ese momento tienen un noviazgo bajo la supervisión de los padres.

El plan funcionó bien en el caso de algunos amigos de Andy, los cuales ahora están felizmente casados; pero lo cierto es que muchas de estas cosas no se ajustan a su situación particular. Él y Lori se conocieron en la universidad, estudiaron juntos como amigos, y luego se enamoraron. Para colmo, los padres de Lori residen en Nueva Jersey y no son creyentes. Cuando Andy los llamó para dialogar respecto a comenzar un noviazgo con su hija, el padre hasta se molestó un poco. "¿Y para qué nos llamas a nosotros?", preguntó él.

Andy está sinceramente confundido. "No estoy seguro de cómo debemos referirnos al hablar de nuestra relación", me dice él. "¿Es un noviazgo? Supongo que no puede ser, o no hemos hecho las cosas *correctamente*".

¿Existe una manera "correcta"?

¿Hicieron Andy y Lori algo equivocado? Yo no creo. Sin embargo, su historia nos lleva a hacer una importante pregunta: ¿Existe tal cosa como una manera "correcta" de llevar a cabo una relación? Y de ser así, ¿quién la define? ¿Quién la clasifica? ¿Debemos llamarla una serie de citas amorosas, o un noviazgo? ¿Acaso hay un término que suene más piadoso que otro?

Hoy día, cuando una pareja como Lori y Andy miran a su alrededor en busca de ejemplos de lo que debe ser una relación entre cristianos, con seguridad van a recibir señales mixtas y confusas. Por un lado, encontrarán que hay parejas cristianas cuyo comportamiento dentro de una relación, es igual a los no-creyentes. Estas relaciones son egoístas y marcadas por los celos, a menudo retando (o completamente pasando por alto) los límites de la pureza. En vez de tener una relación que esté centrada en Dios, dicha relación sólo existe para la gratificación a corto plazo de dos personas.

Por otro lado, Andy y Lori encontrarán parejas que se rigen por una lista específica de cosas que "pueden" y "no pueden" hacer; a esto le llaman "noviazgo". Aunque algunas de sus ideas podrían ser útiles, y hasta bíblicas, este enfoque que llevan basado en reglas, a menudo les hace depositar su confianza más en las leyes humanas que en Dios mismo. El amor a Dios, no es el centro de su relación; pero sí lo es el orgullo en sus métodos y comportamiento.

Lo que estoy describiendo son dos extremos: uno es el *desorden*, y el otro es el *legalismo*. El desorden, echa a un lado los mandamientos divinos y decide vivir para sí. Por otro lado, el legalismo confía en que es suficientemente santo para obedecer las reglas humanas. Estos dos extremos son como dos zanjas a ambos lados de un camino. Tristemente, somos muchos los que pasamos toda una vida desviándonos de un lado a otro entre estos dos, ¡saliendo de una zanja, sólo para caer en la otra!

El camino que ha establecido Dios hacia el matrimonio, se mantiene en terreno alto y firme, entre ambos extremos. El mismo, nunca abandona los principios y mandamientos bíblicos, pero tampoco recurre a las fórmulas.

La lucha para definir términos

Lo que espero que hayas captado es que, evitar el desorden y el legalismo es más importante que si usas el término *citas amorosas* o *noviazgo* (cortejo).

A mí, personalmente, me gusta el término cortejo. Es un término antiguo, pero el mismo evoca romance y caballerosidad. Lo uso no para describir una serie de reglas, sino esa *temporada* especial en el romance, cuando un hombre y una mujer están considerando seriamente la posibilidad de unirse en matrimonio. Creo que es muy útil poder distinguir entre los romances sin definición y sin dirección (a lo que yo le dije adiós), y una relación romántica que con propósito definido se dirige hacia el matrimonio. Pero el hecho de que use la palabra cortejo para describir mi relación con Shannon, no me hace ser más santo que las demás personas que no la usan.

Ninguno de nosotros debería permitir que el debate sobre términos nos distraiga de lo que realmente importa en las relaciones. "Las "citas amorosas" y "el cortejo" no es el asunto primordial. He conocido "novios en serie" que viven como el diablo, y "santos especialistas en citas" que andan en integridad y santidad. Los términos que usaban para describir sus relaciones, por sí solos, son insignificantes. Los términos no son los que definen nuestras vidas, más bien nuestras vidas definen nuestros términos.

Hoy día, muchos creyentes se sienten desilusionados por la forma en que se manejan las relaciones románticas. Desesperadamente anhelamos algo mejor. Pero lo que anhelamos no vendrá con sólo ponerle un nuevo nombre a viejas actitudes. ¡Debemos cambiar! Necesitamos nuevas actitudes que estén fundamentadas en valores bíblicos, y una perspectiva de involucrarnos en una relación íntima con el sexo opuesto, que esté radicalmente centrada en Dios.

A menudo la gente me pregunta lo siguiente: "¿Cómo puedo involucrarme en un cortejo? ¿Cuáles son las reglas?" Lo cierto es que no les tengo una respuesta; porque no están haciendo las preguntas correctas. La pregunta *correcta* debería ser: "¿Qué motivo tengo para estar involucrado en una relación? ¿Cómo puedo vivir entregado a Dios mientras me preparo para el matrimonio? ¿Cómo puedo dejar de vivir egoístamente? ¿Cómo puedo servir a los demás?"

¿Puedes vislumbrar lo que sucede cuando una persona pasa por alto estos importantes asuntos emocionales e intenta "descifrar el cortejo"? Lo que hacen es evadir el importantísimo aspecto del proceso de examinar detenidamente *para qué viven* y *cómo lo están viviendo.*

Jesús, y lo que verdaderamente importa

Creo que como creyentes, para que nuestra relación romántica comience debidamente, tenemos que asegurarnos que el darle la gloria a Dios sea el propósito máximo. Esto es lo que Jesús nos enseñó. Y aunque nuestro Señor nunca enseñó específicamente sobre el tema de las citas y el noviazgo durante su ministerio terrenal, sí dio respuesta a nuestra pregunta sobre la *forma correcta de llevar a cabo una relación,* al dar respuesta a la pregunta más amplia y general sobre *cómo vivir la vida correctamente.*

En la Biblia leemos la historia de un maestro de la ley que escuchó a Jesús debatir con los fariseos. Quedó impresionado con la sabiduría de Jesús, y le hizo una pregunta sincera. "De todos los mandamientos, ¿cuál es el más importante?"

El hombre estaba indagando respecto a la esencia de los requerimientos de Dios. Él quería que Jesús le resumiera todo, para poder apreciar el corazón mismo de la ley. ¿No es exactamente esto lo que necesitamos cuando de relaciones se habla? Queremos saber qué es lo que verdaderamente le importa a Dios al ir en busca de una relación matrimonial. Cuando nos deshacemos de todas las costumbres, tradiciones y opiniones humanas, ¿qué es lo que permanece? Jesús respondió de la siguiente manera:

Amarás, pues, al Señor tu Dios con todo tu corazón, con toda tu alma, con toda tu mente, con todas las fuerzas de tu ser. Este es el principal mandamiento. Y el segundo es muy parecido: "Amarás a los demás con el mismo amor con que te amas a ti mismo". No hay mandamiento más importante que estos dos.

Marcos 12: 30-31

Jesús está diciendo que lo que verdaderamente importa en la vida, es amar a Dios con cada fibra de nuestro ser—corazón, alma, mente, fuerzas— y dejar que ese amor se manifieste en la manera en que tratamos al prójimo. Él nos está diciendo que si en esta vida queremos hacer las cosas correctamente, todo en la vida tiene que tomar en consideración a Dios como prioridad. Otra manera de expresarlo es diciendo que necesitamos ver la gloria de Dios, como el propósito máximo de cada *aspecto* de la vida. "Si, pues, coméis o bebéis, o hacéis otra cosa, hacedlo todo para la gloria de Dios" (1 Corintios 10:31).

Noviazgo para Él, y a su manera

¿Puedes apreciar cómo las enseñanzas de Jesús arrojan luz sobre el tema de las citas y el cortejo? Cuando aplicamos las palabras de Cristo a nuestra pregunta, podemos ver que lo más importante en nuestras relaciones con el sexo opuesto, es vivir para glorificar a Dios. ¿Qué significa esto en términos prácticos? Esta sencilla definición me ha servido de mucha ayuda:

Vivir para glorificar a Dios significa hacer todo...
Para Él,
A Su manera,
Señalando hacia Su grandeza
Y, reflejando Su bondad.

¿Cómo entonces se traduce esto en la vida real, al considerar a un hombre y una mujer que están involucrados en una relación romántica con propósito? Permíteme compartir cinco características que considero son las "esenciales". Hablaremos más sobre estas en los siguientes capítulos, pero por ahora, nos servirán como bosquejo. Aunque estas características se expresan en forma diferente en las vidas de diferentes personas, estarán presentes cuando nuestras relaciones hayan sido completamente "dedicadas a Dios".

1. Alegre obediencia a la voluntad de Dios.

Si vamos a hacer las cosas al estilo y manera de Dios, el sometimiento a su Palabra no es asunto negociable. Deuteronomio 4:2 dice: "No añadiréis *nada* a la palabra que yo os mando, ni quitaréis *nada* de ella, para que guardéis los mandamientos del SEÑOR vuestro Dios que yo os mando".

Es un error pensar que podemos escoger cuál de los mandamientos en la Palabra de Dios vamos a obedecer. Recientemente, un amiga llamada Noelia, que se había mudado para California, me dijo a mí y a varias personas vía correo electrónico que ella y Derrick su prometido, habían decidido vivir juntos antes de casarse. Consternados ante la noticia, confrontamos tiernamente a Noelia y le rogamos que reconsiderara su decisión. Le señalamos versos tales como 1 Corintios 6:18, Efesios 5:3 y Hebreos 13:4, los cuales nos enseñan con claridad a huir de la inmoralidad sexual.

Noelia no quiso escuchar. Nos escribió diciendo que ambos amaban entrañablemente a Dios, y que sentían estar haciendo lo correcto. Además, al vivir juntos estarían ahorrando dinero. Ellos sabían que Dios así lo entendería.

Igual que Noelia y Derrick, muchas parejas piensan que la obediencia a la Palabra de Dios puede estar fundamentada en los sentimientos. Pero no es cierto. Jesús dijo: "Si me amáis, guardad mis mandamientos" (Juan 14:15 RV60). Las personas involucradas en una relación que glorifica a Dios, anhelan hacer la voluntad de Dios por encima de cualquier cosa, y obedecen los mandamientos trazados en la Biblia, sin importar el costo.

La desobediencia deshonra a Dios. Cuando escogemos rebelarnos en contra de sus mandamientos, lo que dicen nuestras acciones es que Él no sabe de qué está hablando, que Su Palabra es anticuada y que en Él no se puede confiar. Cuando le decimos que sí a Dios en nuestras relaciones, aun en las áreas insignificantes, le damos a Él toda la gloria. Nuestras acciones proclaman que sus mandamientos son buenos, y que Él merece ser obedecido.

2. El deseo desinteresado de hacer lo que a la otra persona le conviene.
Esta importantísima cualidad de una relación que glorifica a Dios
se resume en la Regla de Oro: "Y como queréis que hagan los
hombres con vosotros, así también haced vosotros con ellos" (Lucas 6:31 RV60). Es sencillo, y sin embargo, cubre cada faceta de
una relación.

El amor sincero y cristiano que sientas por el chico o la chica
con quien estés involucrado, es el resultado normal de tu amor
por Dios. Los dos están tan íntimamente entretejidos, que es difícil
señalar cuándo uno termina y el otro comienza, ambos se relacionan casi sin distinción.

Es por esto, que cuando a Jesús le pidieron que mencionara
cuál era el mandamiento más importante, mencionó dos: amar a
Dios y amar a los demás. Estos no se pueden separar. Cuando servimos a los demás, estamos sirviendo a nuestro Señor (Mateo 25:40).
Jesús entregó su vida por nosotros para mostrarnos cómo es el amor,
y nos extiende un llamado a imitar su ejemplo (1 Juan 3:16). La Palabra nos dice que debemos humillarnos, que debemos considerar a
los demás como superiores a nosotros mismos, y vigilar por sus intereses (Filipenses 2:3-4).

Glorificamos a Dios en nuestras relaciones cuando colocamos a un lado nuestras necesidades personales; nuestras decisiones las tomamos basados en lo que es favorable para los demás. Presta atención al tipo de preguntas que formulamos cuando somos guiados por el deseo desinteresado de hacer lo que a
otros conviene:

¿Comenzar esta relación ahora, será lo más conveniente para él?

¿Representará algún beneficio para ella si en este momento
expreso todo lo que siento?

¿Me estoy comunicando con claridad y de tal manera que le
sirva a ella de ayuda?

¿Le ayuda mi forma de vestir a tener pensamientos puros?

¿Cómo le afectará a ella a largo plazo si la beso?

Un deseo desinteresado de hacer sólo lo que le conviene a la otra persona, puede servirnos de guía en medio de las grandes y pequeñas decisiones en una relación. En ninguna manera es tedioso. Es una expresión de amor sincero y la marca que define una relación entre creyentes. *"En esto conocerán todos que sois mis discípulos, si tuviereis amor los unos con los otros"* (Juan 13:35 RV60).

3. La humilde aceptación de una comunidad

En el capítulo 8, estaremos examinando profundamente la importancia de la comunidad. Por el momento, es suficiente decir que si en verdad nuestra pasión es glorificar a Dios en una relación, no seremos demasiado orgullosos como para admitir que necesitamos ayuda. La Biblia dice: *"El camino del necio es derecho en su opinión, mas el que obedece al consejo es sabio"* (Proverbios 12:15 RV60).

Necesitamos la sabiduría de nuestros padres y el apoyo de nuestra iglesia. Necesitamos que los pastores nos hagan recordar los mandamientos y amigos cristianos que nos alienten y animen. Necesitamos la perspectiva y la sabiduría de amigos creyentes de todas las edades, mientras andamos por el camino que lleva al matrimonio. Y allí no terminará. ¡Después de la boda, vamos a continuar necesitando el apoyo de la comunidad!

Andy y Lori, la pareja de la que les hablé al principio de este capítulo, es un buen ejemplo de una pareja que reconoce y acepta el valor de una comunidad cristiana. Y aunque están lejos cursando estudios universitarios, ellos han sido fieles al procurar la sabiduría en su iglesia local, a la misma vez que rinden cuenta por su relación. Y como el padre de Lori no es creyente, ella le ha pedido a Buck, su pastor, que ocupe el lugar de protector y asesor. Andy se reúne con su padre y con Buck, además de con un grupo de muchachos de la iglesia, los cuales de acuerdo a como dice Andy: "Me mantienen a raya". Andy ha compartido con ellos sobre las áreas en las que él y Lori podrían ser tentados, y ellos son fieles en preguntarle cómo les va, y lo retan cuando es necesario.

Cualquiera que sean nuestras circunstancias o nuestra edad, todos necesitamos reconocer y recibir el apoyo de la comunidad cristiana. Dios nos ha dado la iglesia local, porque en realidad, nos necesitamos los unos a los otros.

4. Un compromiso de proteger lo sagrado del sexo.

El pecado sexual es como pintar la Mona Lisa con rociador. Es tomar la obra maestra de la intimidad sexual entre esposo y esposa, dada por Dios, y mutilarla, robando en el proceso toda su admiración, maravilla y propósito.

Cuando en una relación la prioridad es la gloria de Dios, podrás encontrar dos personas que perciben el sexo como algo tan preciado, que rehúsan permitir que la impaciencia y la lujuria le reste nada antes del matrimonio. Como veremos en el capítulo 9, la motivación del cristiano de abstenerse del sexo antes del matrimonio no es la modestia, sino el apasionado compromiso de glorificar a Dios con nuestros cuerpos y disfrutar lo máximo de la experiencia sexual. Aun si en el pasado has pecado sexualmente, puedes comprometerte a una vida de castidad que glorifique a Dios, hasta el día de tu matrimonio. En el capítulo 10 estaremos hablando acerca de cómo es posible que personas con un pasado de pecados sexuales puedan experimentar el perdón de Dios, y decidir escoger una vida de pureza.

5. Profunda satisfacción en Dios.

Una pareja comprometida con glorificar a Dios, coloca su máxima esperanza en Dios, y no en la otra persona. Antes que dos personas puedan agradar a Dios como pareja, deben primero ser individuos que anhelen a Dios por encima de todas las cosas, y que estén conscientes de que sólo Él puede satisfacer los anhelos más profundos de su ser.

John Piper, uno de mis autores favoritos, ha convertido esta sencilla pero profunda verdad en el mensaje de toda su vida: "Dios se glorifica más en nosotros, cuando nosotros estamos más satisfechos en Él". ¿Qué significa esto? Significa que podemos exaltar a Dios al confiar en Él, y cuando lo deseamos a Él más que cualquier otra cosa en la vida —más que el compañerismo, más que el romance, más que el matrimonio—. Cuando lo hacemos, nuestras vidas dicen a viva voz, que Él satisface más que todas estas otras cosas.

A diferencia de los placeres pasajeros de este mundo, cuando tenemos a Dios como el objeto de todo deseo de nuestra alma, Él nos satisface verdaderamente, encontramos la paz duradera que hemos estado buscando. Y sólo entonces, podremos tener una relación feliz y saludable, porque en vez de que la relación sea nuestra razón de ser, la misma se convierte en la expresión de la realidad de que estamos viviendo para Alguien mucho *mayor*.

Diferentes estudiantes, un solo Maestro

Estas cinco características son parte importante de darle la gloria a Dios en nuestras relaciones. Estos son los asuntos que realmente importan, y de ellos trata este libro. Cuando estemos frente a Dios, Él no va a preguntar: "¿En cuál de las dos participaste, en citas amorosas o en una relación de cortejo?" Lo que va a importar en la eternidad, es si nuestras vidas y actitudes respecto al romance, glorificaron a Dios.

Por lo tanto, si glorificar a Dios es tu verdadera meta, no necesitas estar preocupado de cómo lo hizo Andy, de haber hecho algo malo, solamente porque tus circunstancias eran diferentes a las de otras personas. Es bueno recibir inspiración de parejas que demuestran ser un gran ejemplo de piedad en su relación; pero nunca debemos convertir la historia de amor de otras personas en un manual que debemos imitar paso a paso.

Dios no tiene un plan "que le sirva a todo el mundo". Él desea ser el autor de una historia de amor singular en cada una de nuestras vidas.

Quizás estés preguntándote: "¿Cómo voy a obedecer los mandamientos divinos y seguir sus principios, cuando mis circunstancias son tan diferentes a las de los demás?" Permíteme intentar darte una explicación.

Imagínate que eres estudiante en una clase de arte. Tú y docenas de compañeros están aprendiendo el oficio de un maestro pintor. Un día, el maestro exhibe frente a ustedes una de sus pinturas. Es una obra de arte increíble, y él quiere que cada uno de ustedes la copie.

Justo antes de comenzar, te fijas en la persona que está a tu lado. Te sorprendes al notar que está usando una brocha más grande que la tuya, y un lienzo cuya forma también es diferente. Miras a tu alrededor al resto de los estudiantes. Algunos usan pintura de acrílico, otros acuarela, y otros, pintan con pintura a base de aceite; todos tienen colores diferentes. Aunque a cada uno le ha sido asignado el mismo trabajo, cada uno tiene materiales completamente diferentes.

Esto te causa gran frustración. Algunos de los estudiantes poseen materiales que te gustaría tener. ¿Por qué ellos y no tú? Entre todos, tú eres el único estudiante que nota tal desigualdad. Se levanta una mano. La chica a tu izquierda que sólo tiene una vieja brocha y tres colores de azul pálido en su paleta, está evidentemente confundida. "No es justo", le dice al maestro. "¿Cómo espera que yo haga una copia exacta de su pintura, cuando las personas a mi alrededor tienen más colores de donde escoger?"

El maestro sonríe. "No te preocupes por los demás estudiantes", dice él. "Yo he escogido cuidadosamente las brochas y las pinturas que cada uno de ustedes tiene. Confía en mí. Ustedes tienen todo lo que necesitan para completar la asignación. Recuerden, la meta no es crear una pintura que sea igual a la de la persona que está a su lado, sino hacer lo mejor que puedan con los materiales que les he dado, para crear una fiel imagen de *mi* pintura".

Esta es nuestra asignación, en cuanto a las relaciones románticas se refiere. Dios no está pidiendo que copiemos del vecino, sino que fijemos nuestros ojos en nuestro Señor y Maestro Jesucristo, y que dediquemos nuestro mejor esfuerzo al romance, en una forma que sea fiel a Su carácter y que esté motivado por la pasión de glorificarle a Él.

De igual manera que los estudiantes de arte tenían diferentes utensilios y colores, nosotros tenemos vidas muy diferentes —diferencias en edad, cultura, antecedentes y circunstancias—. Algunos de nosotros tenemos a nuestros padres involucrados en nuestra relación de cortejo; otros no. Algunos podemos desarrollar una amistad con otra persona de forma muy natural, en un ambiente de grupo en la iglesia o la escuela. Otros no tienen el lujo de estos escenarios, y tienen que ser más obvios en cuanto a sus intereses. Algunos nos enfrentamos por primera vez a la posibilidad de una relación matrimonial, mientras que otros, han tenido que viajar a través de la pesadilla de un divorcio, y cautelosamente dan pasos hacia un segundo compromiso.

Nuestras circunstancias no siempre parecen ser las más justas, ¿cierto? En mi relación de cortejo con Shannon, yo lamentaba vivir tan lejos de mi familia. Y Shannon, que a diferencia de mí vino a los pies de Cristo siendo ya adulta, tenía muchos resentimientos sobre relaciones en las que había estado involucrada antes de ser cristiana. Muchas veces ella ha deseado haber sido criada en un hogar cristiano y así haber evitado todo el dolor y quebranto que una vida sin Cristo le causó.

En momentos como estos, necesitamos confiar en el Maestro. Todos podemos descansar en el conocimiento de que Dios es soberano sobre todas las situaciones de nuestra vida. No importa dónde nos encontramos ahora, o qué errores hemos cometido en el pasado, Él nos ha dado todo lo que necesitamos para darle toda la gloria, ahora mismo.

Capítulo **tres**

Romance y sabiduría: una unión creada en los cielos

*Por qué necesitas
más que sentimientos intensos*

Este lugar me parece bien, pensó Rich con tristeza. Miró rápidamente por encima de sus hombros para asegurarse de que nadie lo estaba viendo, y en la oscuridad tomó la pala en sus manos y la hundió en la tierra. *¡Clang!*

El ruido del metal al chocar sobre una piedra resonó en la quietud de la noche. Se tiró al suelo, y su corazón comenzó a latir fuertemente en su pecho. *¡Santo cielo!* A ese ritmo despertaría a todo el vecindario. Apretó los dientes al pensar que alguien en la casa de Christy se fuera a despertar. ¿Y si el padre de Christy sale a investigar y lo descubre? ¿Qué posible explicación podría darle al padre de su ex enamorada al encontrarlo en el frente de su casa con una pala en la mano, y a las 3:00 A.M? Trató de no pensar en ello.

Rich aguantó la respiración, y esperó. Pasó un minuto, y nadie en la casa se despertó. Todo estaba quieto. Se levantó del suelo lentamente, y reanudó su trabajo con mayor cuidado. Aún le parecía insoportable el ruido que hacía al cavar, pero decidió continuar. Christy y su familia residían en los campos de Virginia, y el patio delantero de la casa era inmenso. Rich se encontraba probablemente a unos cien metros de la casa. Nunca lo escucharían. Por lo menos, él esperaba que no...

El asombroso regalo del romance

Antes de que explique por qué Rich Shipe estaba cavando un hoyo en el patio de Christy Farris, necesito retroceder un poco. Esta es una historia interesante, de hecho, es una de las más románticas que jamás haya escuchado. Pero esa no es la única razón por la cual la quiero compartir. Esta historia es mucho más que un cuento sentimental. Es un inspirador ejemplo de lo que sucede cuando el romance, junto con todos sus sentimientos de pasión, emoción y urgencia que lo acompañan, es guiado por la sabiduría. Y de eso trata este capítulo.

Cuatro años antes de su secreta excavación en el patio, Rich conoció a Christy en un estudio bíblico en la iglesia a la que ambos asistían. Los dos tenían catorce años de edad. Rich pensó que Christy era muy bonita. Christy pensó que Rich era un real fastidio. Afortunadamente para Rich, él nunca dijo que tenía catorce años de edad. Fue creciendo. Y al pasar el tiempo, él y Christy se hicieron buenos amigos. Durante su último año de escuela superior, la relación dio un giro hacia lo romántico. Comenzaron a escribirse el uno al otro; no vía correo electrónico, debo decirles, sino cartas escritas a mano, al estilo antiguo, en las cuales expresaban mutuos sentimientos. Cada carta era escrita desde el corazón, y con amor.

Enamorarse el uno del otro era algo que Rich y Christy podían explicar con facilidad. ¿Quién de nosotros podrá describir el misterioso y poderoso impulso por cautivar el afecto de otra persona? Las palabras no le hacen justicia. Definir el romance es como tratar de captar la grandeza del Gran Cañón con una cámara desechable. No importa cuántos retratos tomes, todo intento fracasará.

¿Y, saben una cosa? Enamorarse fue idea de Dios. Él es quien nos ha capacitado para experimentar sentimientos románticos. Él fue quien nos dio la habilidad de apreciar la belleza y de experimentar la atracción. Y fue Él quien inventó el matrimonio, con el fin de que el ardiente fuego llegara a convertirse en algo aun más hermoso, un pacto de amor matrimonial latente, y al rojo vivo. ¿Y por qué lo hizo? ¡Por la misma razón que creó las puestas del sol, las cordilleras de montañas y las luciérnagas! Porque Él es bueno. Porque desea darnos un millón de oportunidades diferentes a través de las cuales podamos ver lo maravilloso que Él es. Dios sólo quería decir: "Te amo".

Comencé este libro con la historia de Adán y Eva, con el propósito de señalar que Dios es el autor del romance. Y aunque por lo general no pensamos en la historia de Adán y Eva como una historia de amor, la misma se desborda de romance. Ambos eran humanos igual que tú y yo. Veían, sentían y deseaban. ¿Puedes imaginarte el momento cuando sus ojos se encontraron por primera vez? ¡Qué gran escena! ¿Cómo habrá sido el ver por primera vez un hermoso miembro del sexo opuesto, cuando nunca habías conocido ni habías imaginado que existía un sexo opuesto?

Las chispas estallaron.

Había química entre estos dos, como nunca podremos imaginar. Y lo más increíble de todo, es que Dios los estaba observando, y disfrutando el panorama. Fue Él quien orquestó el encuentro inicial. Dios, el que con Su palabra trajo a la existencia las galaxias, se regocijaba ante la belleza del romance entre un hombre y una mujer. Para mí es difícil pensar que Dios no estaba sonriendo, al ver cómo el corazón de los primeros humanos latía a un ritmo acelerado sin precedente.

Hasta que el amor así lo desee

El romance es algo muy bueno. Pero sólo porque es bueno, no significa que podemos disfrutar de él cuando y dondequiera que nos parezca. Al igual que los demás dones que Dios ha creado, el amor romántico también puede ser usado erróneamente.

Aun el Cantar de los Cantares, que se deleita en el éxtasis de la pasión romántica, ofrece abundantes recordatorios de no llevar la pasión más allá de los límites de tiempo y propósito establecidos por Dios. "Os conjuro", dice la esposa de Salomón,

"...que no despertéis ni hagáis velar al amor, hasta que quiera" (Cantares 8:4 RV60).

Los sentimientos que Rich y Christy sentían el uno por el otro eran reales y profundamente románticos. Pero, ¿estaban estos sentimientos siendo despertados en el tiempo y propósito de Dios? El papá de Christy, Mike Farris, no estaba tan seguro. Cuando se percató de cuán emocionalmente involucrados estaban Rich y Christy, decidió intervenir.

Mike tenía la oportunidad de relacionarse con Rich a menudo —él era su jefe—. Mike se había postulado como candidato para la posición de ayudante al gobernador de Virginia, y había empleado a Rich como chofer, y encargado de llevarlo a los diversos eventos y reuniones que se estarían llevando a cabo por todo el estado. En la mayoría de estos viajes, Mike trabajaba en silencio en el asiento trasero o hacía llamadas telefónicas. Pero, cierto día, para sorpresa de Rich, Mike decidió ocupar el asiento delantero. Tan pronto el auto comenzó a desplazarse, Mike se volteó hacia Rich y preguntó: "¿Qué es lo que hay entre tú y Christy?"

Rich tragó en seco.

Mientras Rich manejaba, Mike le habló pausadamente y con preocupación paternal sobre la importancia de ejercer sabiduría en el romance. Mike tenía muchos remordimientos respecto a los años durante los cuales estuvo saliendo con varias chicas en la escuela superior y en la universidad. "Cuando existe la intimidad emocional, uno entrega parte de su corazón", le dijo a Rich. "Y las consecuencias son a largo plazo".

Afortunadamente, Rich escuchó atentamente los consejos de Mike. La verdad penetró. Rich no estaba preparado para mantener una familia —él y Christy deseaban continuar con sus estudios universitarios—. Y además, era demasiado pronto para que ambos estuvieran abanicando las llamas del romance. Una relación romántica prematura, sólo iba a servirles como distracción mientras se preparaban para el futuro.

"Nunca antes había escuchado algo similar", recordó Rich. "Mike me convenció. No llegó a ser un asunto de tener que obligarme a terminar la relación con su hija. Mientras compartía sus ideas sobre las relaciones, pude reconocer que tenía toda la razón".

Tres palabras

Darle conclusión a lo que él y Christy llamaban el aspecto "nosotros" de su relación no fue fácil, pero ambos estaban conscientes de que tenían que hacerlo. Regresaron a una relación de sólo amigos. Se relacionaban en la iglesia, pero no actuaban como pareja. Comenzaron a pensar el uno en el otro como hermano y hermana, en vez de enamorado y enamorada.

El plan funcionó... por un tiempo. Y aunque ambos sabían qué era lo correcto, fueron engañados por el corazón. *Anhelaban los sentimientos. Anhelaban* la emoción de expresar cómo se sentían. *Deseaban* la seguridad de saber que se pertenecían el uno al otro. Y como resultado, comenzaron a traicionar su compromiso de estrictamente mantener la relación como una amistad. En una carta, Rich le dijo a Christy que la amaba. Y ella hizo lo mismo. No participaron en nada físico, pero sin darse cuenta, pronto regresaron y a todo vapor, a una relación romántica. Y en esta ocasión, a escondidas de los padres de Christy.

Después de varios meses, el peso de la convicción los abrumó. Haber engañado a los padres de Christy comenzó a afectarles. "Tenemos que hablar con tus padres", le dijo Rich a Christy un día. No podemos continuar así".

La oportunidad nunca llegó. Un día después, el papá de Christy pasó por su lado mientras ella dialogaba con una amiga por teléfono sobre su relación con Rich.

"¿De qué hablabas, Christy?" le preguntó su padre cuando hubo terminado. "Dímelo en tres palabras". "Peticiones de oración", respondió Christy.

"¿De veras?", preguntó su padre. "Me pareció haber escuchado algo así como, 'Richard Guy Shipe.'"

Estaban atrapados.

Christy no pudo más y confesó su engaño. Varios días después Rich se reunió con los padres de Christy. Al igual que Christy, él estaba muy avergonzado por la forma en que los habían engañado. Él había faltado a su palabra ante Mike. Había robado más de los sentimientos de Christy; especialmente cuando todavía no le pertenecían.

Rich le pidió perdón a Mike y a su esposa Vickie. Y en esta ocasión, prometió que la relación iba a terminar. Él ahora comprendía que esto iba a requerir de medidas drásticas. Sencillamente, no podrían ser sólo amigos. "Si no hubiésemos detenido el asunto, la cosa hubiera continuado hacia delante", expresó Rich. "Uno no puede mantenerse quieto en una relación como esa". Ambos tenían que alejarse el uno del otro.

Fue entonces cuando Rich le pidió a Christy que le devolviera todas las cartas que le había escrito. Ella se las entregó a regañadientes. "Mi deseo era ayudarla", explicó Rich. "Yo quería quitarle todo lo que representaba lo que sentía por ella. Aquellas cartas eran un registro de nuestro amor, y de todo lo que habíamos compartido. Las apreciábamos y las leíamos una y otra vez. Yo sabía que para realmente depositar nuestra relación ante los pies del Señor, ambos teníamos que deshacernos de ellas".

Un funeral temprano por la mañana

Rich estaba cavando un hoyo en el patio de Christy aquella noche, para enterrar una caja que contenía todas las cartas que se habían escrito. En la caja había más de cien páginas escritas a mano.

¿Acaso habían cambiado sus sentimientos por Christy? En lo absoluto. Pero él reconoció que no podía dejarse guiar sólo por sus sentimientos. Tenía que actuar basado en sus principios, y procurar hacer lo que mejor le conviniera a Christy. Sencillamente no podía actuar basado en que lo que *sentía* era lo correcto; tenía que hacer lo correcto. Aunque esto le dolió, él sabía muy bien que lo mejor que podía hacer a favor de la chica que amaba, era apartarse de su camino y terminar la relación que estaba distrayendo a ambos de su servicio a Dios, y de obedecer a sus padres.

Le tomó a Rich casi dos horas para terminar de cavar el hoyo. Lo hizo sesenta centímetros por noventa, y cuarenta y cinco centímetros de profundidad, para que no se viera afectado por las nevadas. Tomó la caja llena de cartas y cuidadosamente la colocó en el hoyo. La había envuelto en varias capas de plástico. El deseo de Rich era que sus esperanzas se mantuvieran bajo tierra por largo tiempo... quizá para siempre.

Para el chico de dieciocho años de edad, este era el funeral de todos sus sueños. Él estaba sometiendo sus sentimientos y anhelos a la voluntad de Dios. Miró fijamente la caja por última vez, levantó la vista y, con gran nostalgia miró hacia la casa, y entonces comenzó a llenar el hoyo con la tierra que había sacado, y lo empacó fuertemente al pisarlo con sus pies. *Si algún día quieres desenterrarlo, sé que puedes hacerlo, le dijo a Dios. Pero de no ser así, aquí es donde se ha de quedar.*

Cubrió el espacio con césped, y se marchó en silencio.

El cometa y la cuerda

No quiero que se lleven una idea equivocada de la historia de Rich y Christy. Emparejar el romance y la sabiduría no significa que necesariamente tengas que hacer lo opuesto a lo que deseas. Lo que sí significa es que aprendes a hacer lo que conviene más. Sabiduría, simplemente es tener dominio de la intuición. Es el "¡Ahora lo entiendo!" que demuestra nuestra comprensión de cómo una cosa se relaciona con otra... y de acuerdo a ello, estamos dispuestos a cambiar nuestras actitudes y comportamientos.

Me agrada cómo Eugene Peterson describe lo que es sabiduría. Él dice que es "el arte de vivir hábilmente en cualquier condición

presente en la que nos encontremos". Cuando guiamos el romance
con la sabiduría, el resultado es un romance hábil, romance que es
dirigido por lo que es verdad acerca de Dios, y sobre el mundo
que Él mismo creó.

Me agrada pensar que la relación entre sabiduría y romance es
como la que existe entre un cometa y la cuerda. El amor romántico es el cometa que atrapa el viento y se eleva tenazmente hacia el
cielo; sabiduría es la cuerda que tira de ella hacia abajo y la frena.
Esta tensión es real, pero saludable.

Supongo que habrá ocasiones cuando un cometa se ha de sentir amarrado por la cuerda. "Si esta fastidiosa cuerda decidiera sol-
tarme, yo podría volar verdaderamente alto", podría pensar en el
cometa. Pero no es cierto, ¿verdad que no? Si la cuerda no sostiene
al cometa ante los embates del viento, el cometa pronto caería a
tierra hecha añicos.

De igual forma, el romance sin la sabiduría también descen-
dería en picada. Se convierte en algo egoísta, complaciente y hasta
idólatra. ¿Alguna vez has estado involucrado en una relación similar? ¿Alguna vez has visto tal relación en la vida de algún amigo?
¿De qué carecía? La respuesta es, sabiduría.

No es suficiente tener sentimientos románticos *solamente*.
¡Cualquiera puede tenerlos! El romance que perdura, necesita sabiduría práctica y repleta de sentido común. El tipo de sabiduría
que sabe reconocer cuándo permitir que los vientos sentimenta-
les nos eleven cada vez a mayores alturas y cuándo retirarse. Cuándo expresar nuestras emociones y cuándo mantenerse callado.
Cuándo debemos abrir nuestros corazones, y cuándo debemos ponerle las riendas.

El arte del romance habilidoso

Permíteme compartir algunos ejemplos de lo que quiero decir
con esto. Lo que sigue a continuación, son tres maneras de

cómo la sabiduría nos guía y dirige hacia relaciones románticas habilidosas.

1. El Romance dice: "¡Lo quiero, ahora!" La Sabiduría incita paciencia.

Proverbios 19:11 dice: "El buen juicio hace al hombre paciente" (NVI). Mis errores principales en las relaciones románticas eran casi todos el resultado de la impaciencia. ¿Es esto cierto en tu vida también?

Igual que Rich y Christy, quizá no podías esperar para expresarle a alguien tus sentimientos, y como resultado comenzaste una relación prematura. O quizá te impacientaste esperando que Dios trajera a alguien piadoso a tu vida, y te involucraste con alguien que no debiste hacerlo. Y ahora lo lamentas profundamente.

La paciencia es importante no sólo para esperar por el tiempo correcto cuando debes comenzar una relación, sino para permitir que se desarrolle a un *paso saludable*.

La impaciencia lo apresura todo. Nos incita a pasarle por encima al tiempo y la atención que requiere una relación de amistad saludable, y a lanzarnos inmediatamente a la intimidad física y emocional.

Durante la primera cita de Julia con Matt, ella se zambulló de inmediato en una relación íntima emocional. Fueron a cenar juntos y luego se detuvieron en Bibos Juice, y ordenaron batidos de fruta helados. No teniendo nada de tímido, Matt confesó sentirse atraído por Julia. Ella admitió que el sentir era mutuo.

Después de este intercambio de coqueteo, el resultado fue una gira maratónica por los detalles de la vida personal de cada uno. La impaciencia los encaminó por una senda sin límites de velocidad. "Simplemente nos conectamos al instante", recuerda Julia. Todo salió en esa primera conversación. Ella desbordó ante él todos los detalles de su vida privada, y le contó sobre las luchas que enfrentó como nueva creyente y los errores cometidos con antiguos enamorados, antes y después de su conversión. "Le conté partes de mi testimonio que son muy personales", dijo Julia. Matt hizo lo mismo. Y aunque hacía poco tiempo que se conocían, su conversación aceleró hasta el máximo la relación. Sentían que había confianza entre ambos, a pesar de no haberle dedicado tiempo a cultivar una amistad o examinar con detenimiento el carácter y personalidad del otro.

En los meses siguientes, continuaron siendo impulsados por la impaciencia. Sentían que había cercanía y confianza entre ambos; querían más. El ímpetu del romance era embriagador; y al final, como sucede con todas las adicciones, el fervor se niveló, la ilusión dio lugar a la realidad. Aunque Matt le había dicho a Julia que había dejado atrás su vida pasada, ella descubrió que él estaba viviendo en pecado y secretamente participando en fiestas mundanas. La relación terminó en terrible decepción. Hoy día, Julia lamenta profundamente el haber compartido tanto de su corazón con Matt.

Romance tipo batido

Sólo porque una pareja se encuentra en una etapa de su vida en la cual pueden seriamente considerar una relación matrimonial, no significa que deben proceder imprudentemente. A una relación como la de Matt y Julia le he puesto el nombre de "romance tipo batido". Me hace pensar en salir a cenar a un restaurante fino, con una persona que no tiene la paciencia para esperar que sirvan los diferentes platos. El chef ha diseñado un maravilloso plan que requiere de tiempo para poder ser apreciado a plenitud. Pero en lugar de disfrutar cada plato de forma individual, tu compañero insiste que todos los platos —las bebidas, la sopa, la ensalada, el plato principal y el postre— se mezclen juntos y se sirva todo como un batido. ¡Huuuuui!

Imagínate tener que beber esa mezcolanza por una pajilla, y tendrás una muy buena idea de algunas relaciones modernas. En vez de saborear los "diferentes platos" de una historia de amor que poco a poco se va desplegando —recién conocidos, amistad, cortejo, compromiso, matrimonio— las parejas impacientes mezclan y hacen un batido con la secuencia. Antes de cultivar una amistad, comienzan a jugar a los enamorados. Antes de pensar en un compromiso, comienzan a comportarse como si fuesen dueños el uno del otro. El romance tipo batido, igual que la comida batida, es un revoltijo que te quita el apetito.

La sabiduría nos llama a tomar las cosas con calma. Podemos ejercer la paciencia porque sabemos que Dios es soberano, y fiel. *"Porque en ti espero, oh Señor; tú responderás, Señor, Dios mío"* (Salmo 38:15). La paciencia es una expresión de confianza en que Dios, el Gran Chef, puede servir a nuestra mesa una relación exquisita. Esto nos permite disfrutar cada aspecto de nuestra historia de amor. Podemos ser fieles y practicar el contentamiento en el lugar donde nos encontramos —sea en una relación de amistad, cortejo o compromiso— sin intentar robarnos los privilegios que Dios ha reservado para una futura temporada.

A mi padre le gusta decir que el tiempo es lo que Dios usa para impedir que todo ocurra a la misma vez. Si no estás preparado para casarte, no te impongas una relación. Espera pacientemente que llegue el tiempo adecuado para comenzar una, que quizá, a la larga, te lleve hasta el matrimonio. Si estás preparado para casarte y estás involucrado en una relación, no permitas que la impaciencia te haga dar un paso apresurado. Toma las cosas con calma. Disfruta la etapa que Dios te ha permitido vivir *ahora*. Saborea cada plato. No te conformes con batido de romance.

2. El Romance dice: "Deja que los sentimientos decidan lo que ha de suceder. La Sabiduría nos guía a ir en pos de una relación con propósito.
La Biblia exalta las virtudes "amor y fidelidad" (Proverbios 3:5) En el plan divino los beneficios personales de una relación íntima —emocional o sexual— siempre están inseparablemente ligados al compromiso de procurar a largo plazo el bien de otra persona, dentro del pacto matrimonial. Las flores más hermosas del amor, pueden abrirse solamente en un ambiente protegido.

Tal y como aprendieron Rich y Christy, el romance que no es capaz (o no pretende) de llegar hasta el matrimonio, se convierte rápidamente en algo egoísta y autocomplaciente. Es por esta razón, que la sabiduría nos extiende el llamado del romance sólo cuando estamos dispuestos y preparados para que el mismo cobre éxito, sólo cuando forma parte de una búsqueda del matrimonio, con propósito y claramente definida. Ser honestos respecto a nuestras esperanzas e intenciones para una relación, es básico y esencial para desear y hacer lo que conviene y es mejor para la otra persona.

El camino del pecado siempre procura separar los sentimientos del compromiso. En Proverbios, se habla de la necedad como una malvada seductora que atrae a su víctima con ofertas de placeres sexuales y románticos, carentes de responsabilidad alguna. "Ven, embriaguémonos de amores hasta la mañana; alegrémonos en amores" (Proverbios 7:18 RV60). Así es como obra la necedad. Nos llama a que disfrutemos sin la más mínima preocupación por el bienestar de los demás. La necedad procura la intimidad, sin obligaciones.

Marcando un curso definido

La gente pregunta por qué razón inicié una temporada de cortejo con Shannon. ¿Por qué no le pedí que fuera mi novia y ver adónde llegaba la relación? Lo hice porque no deseaba otra relación romántica sin definición. Demasiadas veces en el pasado, hice una separación entre la búsqueda de intimidad y la responsabilidad de un compromiso. Aprendí que esta no era una manera sabia ni amorosa de tratar a una chica.

Cuando expresé mi deseo de explorar la posibilidad de una relación matrimonial, quería establecer un curso definido para nuestra relación, un curso que nos llevaría hasta el matrimonio, si es que en verdad era la voluntad de Dios.

Para nosotros, la temporada de cortejo fue un tiempo maravilloso en nuestra relación, durante el cual decidimos abstenernos de toda intimidad física; cultivamos una amistad profunda, aprendimos sobre nuestras metas y valores, y nos relacionamos a un nivel espiritual. Formulamos muchas preguntas. Salimos a compartir juntos. Nos conocimos más de cerca, *pero todo esto con el claro y definido propósito de averiguar si era la voluntad de Dios casarnos.*

A diferencia de mis relaciones pasadas, el cortejo con Shannon se llevó a cabo de forma inequívoca. Desde el comienzo, nuestra búsqueda de intimidad estaba unida a una apertura de compromiso. La diferencia era que ahora, nuestras actividades y el tiempo que pasábamos juntos, tenían un propósito que iba mas allá de un tiempo de recreo, y tal propósito estaba claramente definido.

¿Puedes ver la diferencia? Ambos estábamos caminando hacia un compromiso matrimonial, y no procurando ver cuán románticamente involucrados podíamos estar, sólo por "pasarla bien y divertirnos". ¿Estaban presente los sentimientos? ¡Por supuesto! Nuestro cortejo fue una época inolvidable donde nos enamoramos el uno del otro. Pero en realidad, no estábamos intentando sumergirnos en nuestras emociones. En vez de eso, permitimos que nuestros sentimientos crecieran en forma natural teniendo como base un profundo respeto, una gran amistad y un compromiso mutuo. Haber establecido un curso definido durante una temporada de cortejo también definida, nos ayudó a evitar apresurarnos hacia una intimidad, con nuestros corazones y cuerpos, antes de mutuamente dedicar tiempo para conocer nuestras mentes y caracteres.

¿Y por qué tan serio?

Estoy seguro de que para algunos de ustedes, la idea de dar a conocer sus intenciones al principio de una relación suena desagradable. Quizá, pienses que es tonto mencionar de una vez la posibilidad de una relación matrimonial, ya que le da un aire de mucha seriedad, demasiado pronto a la relación.

Comprendo esta preocupación. Ningún chico debería hacer esto a la ligera, y sin antes haber orado seriamente al respecto y procurado el asesoramiento del pastor y de los padres de la chica que son quienes la conocen y se interesan por ella. Cualquier hombre que use como carnada la esperanza de una relación matrimonial, tendrá que darle cuentas a Dios.

También estoy de acuerdo en que es tonto el que una pareja involucrada en una relación de cortejo, *suponga que* automáticamente se han de casar. Lo cierto es que dar a conocer tus intenciones de explorar y *considerar* las posibilidades de una relación matrimonial es muy diferente a suponer que el matrimonio es inevitable. Al dar a conocer claramente cuál es la intención de la relación, un hombre está afirmando que está abierto al matrimonio. Él está reconociendo que, a menos que haya una intención definida de considerar tal nivel de compromiso, la chica no tiene razón alguna por la cual desperdiciar su tiempo cultivando nada más que una amistad con él.

Es por esta razón, que en cierto sentido, el cortejo es un compromiso; es una promesa de no jugar con los sentimientos de la otra persona. Es algo serio. Es la disposición de explorar seriamente los méritos de un compromiso a largo plazo. El hombre está marcando un curso definido para el romance al contestar la pregunta: "¿Cuál es la razón de ser de la relación, desde el inicio?" La razón de ser de la relación, será considerar seriamente una relación matrimonial.

¿Qué es entonces el cortejo? El cortejo es una relación con propósito. Es amistad, además de una posibilidad. Es romance acompañado por la sabiduría. Esto es lo que quiero decir con establecer un curso definido para el romance. El mismo no carece de riesgo; simplemente, es una forma de ser cuidadoso con los sentimientos de la otra persona, mientras que juntos exponen sus vidas a la máxima alegría que Dios ofrece.

3. El Romance dice: "Disfruta la fantasía". La Sabiduría reclama que fundemos nuestras emociones y percepciones en la realidad. Proverbios 19: 2 dice: *"El alma sin ciencia no es buena, y aquel que se apresura con los pies, peca".* Este versículo podría usarse como un resumen de la trágica obra de Shakespeare, *Romeo y Julieta*, y de muchos otros romances equivocados de la vida real. Si tenemos pasión por algo, y dicha pasión está basada en la ignorancia o en información errada, es igual a extenderle una invitación al desastre. Y sin embargo, la misma intensidad del romance nos expone precisamente a tal fin.

Al principio le hablé sobre Matt y Julia. Ellos son un vivo ejemplo de dos personas que, motivados por la impaciencia y el egoísmo, se emocionaron celosamente el uno por el otro, hasta que por fin tuvieron que reconocer que sus emociones estaban basadas en la fantasía. En realidad no se conocían. Sus emociones no tenían fundamento alguno en los hechos.

¿Qué es una emoción? Cuando yo era más jovencito, mi padre me enseñó que una emoción es una expresión física sobre la manera en que percibimos el estado de algo que valoramos. Ira, alegría, miedo, tristeza, gozo, y odio, todas estas, son combinaciones de nuestras *percepciones* y de nuestros *valores*. Por ejemplo, dos espectadores que observan que un gato es atropellado por un automóvil, pueden experimentar emociones completamente diferentes, basado en cómo es que perciben dicha situación, y cuánto valoran el gato. Un individuo que odia los gatos, podría sentirse perversamente alegre, mientras que el otro que, es el dueño del gato y lo ama, sentiría gran pena. En una relación, si nuestros valores son piadosos y tenemos una percepción correcta sobre lo que valoramos, entonces nuestras emociones serán adecuadas y saludables. Pero si uno de los dos no está a tono con la verdad, nuestras emociones serán inadecuadas y enfermizas. Nuestra meta debería ser el estar emocionados por lo que es verdaderamente importante.

La sabiduría nos llama a basar nuestras emociones en información correcta, y no en distorsiones. Esto es precisamente lo que Julia no hizo. Sus emociones crearon una imagen de Matt que no era real. Se lanzó a una relación con el corazón en la mano, y con los ojos cerrados. Su maratónica conversación con Matt el primer día que compartieron juntos, creó un falso sentir de conocimiento.

Ambos revelaron aspectos muy íntimos de sus vidas, pero no expusieron sus realidades a la prueba del tiempo, ni se observaron el uno al otro en diferentes contextos. Como resultado, ambos se llevaron la errada impresión de que la intimidad que existía entre ellos, era mucho mayor.

Durante la temporada de cortejo, tenemos que batallar en contra de la tendencia de querer suplir lo que falta en el conocimiento que tenemos de la otra persona, con emociones basadas en la fantasía. Si no sabemos algo sobre él o ella, debemos hablar, hacer preguntas, y descubrir cuáles son en realidad sus valores, motivaciones y metas. Tenemos que trascender más allá de las actividades típicas y artificiales de una cita amorosa, y observarnos el uno al otro en situaciones de la vida real; con la familia, en la iglesia, con los amigos, la manera en que manejamos las presiones relacionadas con el empleo. El cortejo es un tiempo para ver lo bueno, lo malo y lo feo en el ser que amamos. Entonces, nuestras decisiones y emociones sobre la relación, podrán estar basadas en hechos.

El romance habilidoso del que he estado hablando, no menosprecia o elimina nuestras emociones y pasión. Pero sí nos llama a estar seguros de que tales sentimientos fluyen de una realidad, y no de un proceso de racionalización. Queremos que sea el verdadero carácter de la otra persona lo que conquiste nuestro corazón. Queremos que nuestras emociones respondan a quienes ellos son en realidad, y al verdadero estado de la relación.

¿Estás preparado para el cortejo?

Los problemas que hoy día vemos en las relaciones —la impaciencia, la falta de propósito, y las emociones mal fundadas— son todas expresiones de necedad. Necesitamos sabiduría. La sabiduría complementa el romance. Igual que una cuerda atada al cometa, la sabiduría permite que el romance verdaderamente se eleve. Le sirve de ancla, lo disciplina, y lo lleva a su máximo potencial. Nuevamente, la tensión es buena.

Cuando los vientos de las emociones soplan peligrosamente, la sabiduría baja el cometa a tierra para que no sea destruido. Eso fue lo que sucedió en la historia de Rich y Christy. Aunque fue algo difícil de hacer, bajaron a tierra su relación romántica, porque aún no era el tiempo de echarlo a volar.

A diario hablo con muchas parejas jóvenes igual que Rich y Christy, quienes preguntan: "¿Cómo saber cuándo es el tiempo adecuado para comenzar una relación de cortejo?" La respuesta básica a esta pregunta es, que *estás preparado para comenzar una relación de cortejo, cuando ambos puedan armonizar el romance con la sabiduría.*

De hecho, vamos a convertir en preguntas estos tres puntos que acabamos de exponer, con el fin de ayudarte a examinar tu preparación para el matrimonio.

¿Posees la habilidad de ejercer la paciencia? No hay nada de malo en desear estar casado. Pero, ¿cuál dirías es tu motivo principal para comenzar una relación? ¿Es la confianza de que estás preparado para el matrimonio, y que Dios ha traído a tu vida una persona piadosa? ¿O acaso es la impaciencia lo que te motiva? ¿Te caracterizas por la paz, o por la ansiedad? No comiences nada hasta que puedas proceder pacientemente.

¿Puedes marcar un curso definido para la relación? Recuerdo una ocasión cuando en una conferencia me detuvo un chico de trece años de edad. El jovencito sostenía la mano de su novia. "Hemos dejado a un lado las citas amorosas", dijo orgulloso. "¡Ahora estamos en una relación de cortejo!" Sólo pude sonreír ante su errado concepto de lo que es cortejo. No puedes establecer una relación con propósito, ni marcar un curso definido para la misma, si aun falta demasiado tiempo para el matrimonio. Las mismas directrices se aplican a un chico de trece años que no está seguro de querer casarse. Si no estás dispuesto a dedicar el tiempo necesario para que una relación tenga éxito y progrese hacia un compromiso y matrimonio, dentro de un período de tiempo razonable, probablemente no deberías comenzar dicha relación.

¿Están basadas tus emociones en la realidad? Como pudimos ver anteriormente, nuestras emociones son el resultado de *valor* y *percepción*. Primero, ¿posees los valores adecuados sobre las relaciones? Quizá eres un nuevo creyente o estás comenzando a obedecer a Dios en este aspecto de tu vida. No te involucres en una relación con demasiada premura. Asegúrate de que conoces lo que Dios dice sobre lo que verdaderamente importa en un compañero o compañera, y qué es necesario para tener un matrimonio saludable. Segundo, ¿cómo está tu habilidad de percibir? ¿Puedes discernir correctamente tu propia situación y la de la persona en la que estás interesado? ¿Has procurado el consejo de otras personas? ¿Has dedicado tiempo a conocer más sobre el carácter de la otra persona? No te dejes llevar por tus sentimientos hasta que primero los hayas puesto a prueba.

El tiempo y la edad correctos para comenzar a dar pasos serios hacia el matrimonio, van a ser diferentes para cada uno de nosotros. Pero lo que todos debemos tener en común es: esperar hasta que el romance sea guiado por la sabiduría. Sólo entonces, podremos experimentar la temporada de cortejo en el *tiempo correcto*, y en el *lugar correcto*, con un *propósito definido* y con *claridad mental*. Esto es romance, en su máxima expresión.

El resto de la historia

Permítanme terminar este capítulo con la conclusión de la historia de Rich y Christy. Un mes después que Rich enterró sus cartas de amor, él y Christy dejaron sus respectivos hogares para cursar estudios universitarios en diferentes ciudades del país. No se despidieron. No se escribieron ni se llamaron por teléfono. Y debido a la diferencia de horarios en sus escuelas, no pudieron verse en todo el año. Fueron días muy difíciles. El amor que cada cual sentía, no había desaparecido.

Un año y medio después de su rompimiento, Christy llamó desde la universidad a su mamá y le dijo que aún estaba luchando con sus sentimientos por Rich. Cuando su papá se enteró, él le preguntó si ella sabía cómo estaba Rich. "¿Y cómo voy a saberlo?", respondió Christy, dejando escapar la emoción que sentía. "No he hablado con él desde que terminamos la relación".

Su papá estaba muy impresionado. Rich había cumplido su palabra, y rompió toda comunicación con Christy. Entonces Mike decidió intervenir una vez más. Varios meses después, cuando Rich se encontraba en su casa durante un descanso de la universidad, Mike lo llamó y le pidió que pasara por su oficina. "No me imaginé de qué quería hablar conmigo", dijo Rich. "Pensé que podía estar en algún problema, pero no sabía qué era lo que había hecho".

Pues lo cierto es que Rich no estaba en problema alguno. Mike quería reunirse con él para darle las gracias por haber cumplido con su palabra. También quería decirle que sentía que este era el momento adecuado para que él y Christy comenzaran una relación de cortejo.

Rich casi se desmaya. Le dijo a Mike que necesitaba un tiempo para orar al respecto. "Bueno, la próxima semana tengo que viajar a Richmond", le dijo Mike. "¿Por qué no me sirves de chofer, y de una vez hablamos en el camino?"

Una semana después, Rich y Mike se encontraban en la carretera otra vez. Como en los viejos tiempos. Y había llegado el momento para otra plática.

Esa semana, Rich oró fervorosamente respecto a comenzar una relación con Christy otra vez. Pero al buscar a Dios, sintió que aún no era el momento adecuado para una relación de cortejo. "Yo no estaba preparado para el matrimonio. Todavía estaba tratando de discernir cómo me iba a ganar la vida. Era como si Dios me estuviera diciendo: "Hiciste un compromiso personal con estos principios, y necesitas ser fiel a ellos, aun cuando el papá de Christy te dio luz verde para proceder".

Cuando Rich compartió esto con el papá de Christy, Mike no pudo sentirse más sorprendido y a la misma vez complacido. Era como si los papeles se hubiesen invertido desde la primera vez que hablaron sobre el romance y la sabiduría. En esta ocasión, era el joven quien compartía lo que Dios le había enseñado sobre esperar por el momento correcto.

Un arce rojo para Christy

Rich y Christy no comenzaron una relación de cortejo en ese momento, sino a dialogar y a cultivar nuevamente una amistad. Un año después, aun estando Christy en la universidad, ambos comenzaron una relación de cortejo a larga distancia. En esta ocasión, las cosas eran diferentes. Su relación era tan romántica como antes, pero ahora, tenía propósito y dirección. Ambos tenían la bendición de sus padres. Y cada día, crecía su confianza respecto al matrimonio.

Durante todo este tiempo, la caja llena de cartas permaneció escondida. Rich nunca le había dicho a Christy que las había enterrado en el patio de su casa. Ella pensó que él había quemado las cartas. La Navidad antes de su graduación de la universidad, se enteró de que no había sido así.

El día de Navidad por la mañana, Rich se encontraba celebrando junto con la familia Farris. "Y este es para ti", le dijo a Christy, mientras le hacía entrega de una pequeña caja.

Ella la abrió, y encontró una etiqueta de vivero que correspondía a un arce rojo.

"Te compré un árbol", le dijo Rich.

"Oh", exclamó Christy, aparentando estar entusiasmada.

La familia, que estaba al tanto de la sorpresa, casi no podían contener la emoción. "¿Por qué no lo plantas en el patio frente a la casa?", sugirió su padre.

"¿Ahora?", preguntó Christy.

"¡Por supuesto!", dijo Rich. "Vamos". La tomó del brazo y la llevó al patio, donde los esperaba el árbol y una pala.

"¿Dónde crees que debemos plantarlo?", preguntó Christy mientras iban caminando por la calzada hacia el patio.

"Este lugar me parece bien", dijo Rich apuntando hacia el suelo. Le sonrió a Christy, levantó la pala, y cavó en tierra.

Una carta más

No les conté sobre otra carta que Rich había colocado en la caja antes de enterrarla. Años atrás, cuando la envolvió cuidadosamente, él colocó una nueva carta encima de todas las demás. Era una carta que Christy nunca había leído. En ella, Rich le pedía que se casara con él.

Así que, una mañana de Navidad, y más de cuatro años desde que fue enterrada, la caja llena de apreciadas cartas fue desenterrada, y abierta. Y cuatro años después de haber sido escrita, Christy leyó la carta en la que Rich le proponía matrimonio.

Hoy día, Rich y Christy disfrutan de una increíble historia de romance, porque estuvieron dispuestos a ser guiados por la sabiduría. Cualquier persona puede tener sentimientos apasionados, pero sólo aquellos que buscan hallar el propósito y el tiempo de Dios, podrán conocer a plenitud el verdadero gozo del amor romántico.

Sólo pregúntenle a Rich Sipe. En el mismo lugar donde enterró sus esperanzas, allí la vio resurgir. En el mismo lugar donde se arrodilló para el funeral de sus sueños, se arrodilló cuatro años después y le pidió a Christy Farris que fuera su esposa.. Y al sacar de su bolsillo un anillo de compromiso, escuchó la respuesta: "¡Por supuesto que sí!"

Capítulo **cuatro**

¡Dime cómo, dime quién, dime cuándo!

Cómo Dios te guía hacia lo perfecto, en el momento perfecto

Cuando Claire Richardson se enteró de que David Tate estaba enamorado de ella, y que le había pedido permiso a su padre para iniciar una relación con ella, irrumpió en llanto.

Y no eran lágrimas de alegría.

Claire estaba muy enojada. Dejándose caer sobre un sofá, le pegó fuertemente al respaldo con ambos puños y gritó histérica: "¡No! ¡No! ¡No! ¡Lo está echando a perder todo! Nunca he pensado así de él. ¡No estoy interesada en él! ¡Lo está dañando todo!"

Tal reacción desconcertó a sus padres. Como Claire y David eran buenos amigos, pensaron que por lo menos ella tomaría bajo consideración la posibilidad de una relación de cortejo. Pero Claire ya sabía quién era la persona que quería, y no era David. A ella le gustaba Neil, y Neil estaba enamorado de ella. También él había hablado con su papá, pero debido a que Neil no estaría preparado para el matrimonio por varios años, el señor Richardson le pidió que esperara antes de iniciar una relación de cortejo. Así que, a pesar de que un tiempo de espera había sido decretado sobre su relación, Claire y Neil sabían que se gustaban mutuamente, y estaban confiados respecto a un futuro juntos.

En la mente de Claire, no existía la más mínima posibilidad de un romance con David. Él, sólo era su buen amigo, y nada más. Ella se había imaginado estar casada con diferentes muchachos, pero nunca con David. Él era como un hermano. Y ahora ella estaba segura de que la relación entre ambos, había sido arruinada. ¿Por qué tuvo que hacer tal cosa? ¿Por qué tenía que enamorarse de ella?

Ella, por su lado, no tenía ni que orar al respecto, le dijo a sus padres. "Por supuesto que no está bien".

Nuestra verdadera condición

¿Cuál sería tu reacción si la chica en la que estás interesado responde igual que Claire lo hizo con David? ¿Qué harías si el chico equivocado comienza a interesarse en ti? ¿O, si el chico que debe interesarse en ti, no lo hace?

La pregunta respecto a cuándo y con quién debemos iniciar una relación, o en el caso de Claire, cuándo y a quién le vamos a permitir tal privilegio, podría llegar a ser algo confuso e incómodo. La mayoría de nosotros preferiría no tener que enfrentarnos a tal situación. Andar por fe no es nada divertido. Queremos que la incomodidad y el riesgo sean removidos. Y antes de tomar una decisión, queremos que Dios nos revele todo tan claramente como el cristal.

¿Puedes vislumbrar el problema? Nuestra mentalidad es: "Dios, revélame *quién*, revélame *cómo*, revélame *cuándo*, y luego confiaré en ti". Lo que Dios quiere que veamos es que, si Él lo hace tal y como lo pedimos, nuestra confianza no sería real. Queremos una respuesta definitiva para no tener que sentirnos vulnerables, débiles, y tener que depender de Él. Pero es sólo cuando reconocemos nuestra verdadera condición; que Dios puede entonces demostrar su fuerza y amor a nuestro favor.

En este capítulo, usaremos la historia de una pareja, con el fin de ilustrar algunos principios que pueden ayudarte con las preguntas *cómo, quién y cuándo* de una relación de cortejo. Pero más importante aun, mi esperanza es que puedas grabar en tu memoria, que hallar una respuesta a estas preguntas para tu vida, amerita una experiencia de fe, la cual no puedes evadir ni suplantar con sólo leer un libro. Lo que aquí lees, puede servirte de ayuda, pero aun así, tendrás que luchar arduamente con estas preguntas en tu diario vivir.

Creo que en esta etapa, el resto de la historia sobre David y Claire te ayudará grandemente. Es posible que tu propia historia sea diferente de la de ellos, pero al leer cómo obró Dios en sus vidas, espero que te sientas animado al ver cuán fiel es Dios, cuán creativo es, y cuán impecable es su sentido del tiempo.

Patos en fila

David llamó a Claire varios días después que sus padres hablaron con ella sobre él. Él no estaba consciente de su respuesta negativa al interés por ella, pero en su conversación telefónica pudo notar la falta de entusiasmo de Claire. Aun así, él decidió albergar esperanzas, y le pidió si podían reunirse para dialogar.

Aunque respetuosamente, Claire estuvo de acuerdo en reunirse y escuchar lo que él tenía que decirle, ya ella estaba segura de cuál sería su respuesta. "Yo no podía entender cómo es que una relación con él, sería lo mejor para mí". Ella intentó orar al respecto, pero en sus oraciones no había gran entusiasmo. "¡Señor, si esta es tu voluntad, por favor, cambia mi corazón... pero por favor, no permitas que sea tu voluntad!"

Ella se sentía mal. Ella sabía que la decisión de David de expresar su interés por ella, no había sido tomada a la ligera. Él no era el tipo de hombre que hace las cosas a la ligera, piensa bien las cosas, es metódico y ecuánime. Hasta su apariencia personal lo refleja. Su cabello negro siempre está bien recortado y a la moda; la ropa que viste siempre está limpia y planchada. Él lamenta el día cuando sus amigos descubrieron que guardaba sus camisetas en orden alfabético. "Escucha David, ¿me podrías prestar una camiseta? Todavía le dicen los amigos para fastidiarlo. "Una azul que esté clasificada bajo la letra K sería perfecta".

Ya puedes imaginarte que un tipo que alfabetiza sus camisetas, iba a ser muy cuidadoso al decidir si comienza o no una relación con una chica. Y eso mismo era David, cuidadoso. Él quería, solía decir, "asegurarse de que todos sus patos estén en fila".

Oró al respecto. Hizo una evaluación de sí mismo y de su situación en la vida. Habló con sus padres y con su pastor. Y hasta escribió una lista de preguntas con el fin de determinar si era el tiempo adecuado para estar pensando en el matrimonio:

1. ¿Estoy preparado para dirigir espiritualmente a mi esposa y servirle en cada aspecto?

2. ¿Ha sido probado mi carácter, y estoy creciendo en piedad?

3. ¿A quién y en qué manera doy cuenta de mi vida?

4. ¿De qué manera estoy involucrado en la iglesia? ¿Cuáles son mis dones y áreas de ministerio? ¿Cuáles son las de ella?

5. ¿Mis motivos para desear casarme son egoístas y mundanos, o son con el propósito de honrar a Dios?

6. ¿Puedo proveer financieramente?

7. ¿Qué tienen que decir mis padres y mi pastor al respecto?

David oró pensando en cada una de estas preguntas. Y meditó cuidadosamente sobre Claire. Además de sentir una profunda atracción por ella, él sabía que era una mujer piadosa y de buen carácter. Uno por uno, los "patos" comenzaron a ponerse en fila. David estaba confiado en que era la voluntad de Dios dar el siguiente paso.

David fue a dialogar con el señor Richardson primero. Él estaba consciente de que Claire consideraría una relación con él, solamente con la aprobación de sus padres. Ella confiaba en la intuición de su padre, y en su habilidad para examinar a cualquier chico que se interesara en ella.

La conversación entre David y su padre fue alentadora, aunque en cierto modo, desconcertante. El señor Richardson dio su permiso para que David hablara con Claire, pero le informó a David que otro joven ya había expresado interés por ella. "Y como dicha relación está pendiente", dijo él, "pienso que está bien que le informes a Claire sobre tu interés por ella. No sé cuál es la voluntad de Dios en todo esto, pero confío en que Él les aclarará todo a ambos. Su mamá y yo hablaremos con ella, y luego podrás llamarla".

Entonces el señor Richardson dijo algo que dejó perplejo a David sobre el curso de los próximos dos años. "Anda y habla con ella... pero no aceptes su primera respuesta".

¿Qué quiso decir con tal declaración?

Ocho semanas de silencio

Evidentemente, el señor Richardson tenía la corazonada de que su hija no aceptaría de inmediato la posibilidad de considerar una relación con David. Y de acuerdo a como ella respondió pegándole al sofá, era un indicio de que él tenía toda la razón.

Cuando David llevó a Claire a cenar, ella escuchó en silencio mientras él hablaba sobre las cualidades que le atraían de ella. Él estaba consciente de que primordialmente ella pensaba en él sólo como un amigo, pero le pidió que considerara en oración entablar una relación de cortejo.

Fue en este momento cuando tuvieron su primer y gran malentendido. Por la razón que haya sido, Claire regresó a su casa después de la cena suponiendo que David había entendido que ella no estaba interesada, y David se fue pensando que ella iba a orar al respecto, y que luego le informaría sobre su decisión.

Lo que transcurrió fueron dos meses de silencio absoluto entre ambos, ocho largas semanas en las que Claire experimentó mayor resentimiento en contra de David, por haber "arruinado" la amistad entre ambos, y por su lado David también sintió lo mismo contra ella, por no haber "sido sincera" al darle una respuesta final.

"Fue horroroso", recuerda Claire. "Yo estaba enojada con él por haber perturbado mis planes, y luego, porque yo no quería que él pensara que estaba cambiando de opinión o reconsiderando una relación con él, fui grosera con él y no le hice caso".

Los dos participaron en muchas de las actividades de la iglesia, y hasta tocaron juntos en la banda de adoración de la universidad, pero no hablaban el uno con el otro. David pensaba que la respuesta era no, pero sentía gran enojo porque ella no le decía nada. Lo que antes fue una próspera amistad, ahora estaba muerta.

Es imposible saber cuánto tiempo hubiese continuado esta situación, de no haber intervenido Dios en el asunto. Un domingo en la iglesia, el sermón trataba sobre cómo la amargura puede destruir el compañerismo entre creyentes. Claire estaba sentada en el banco justo detrás de David. Al finalizar el servicio, Claire llamó a David, y con lágrimas le pidió perdón. "Estoy arrepentida por la manera en que he actuado en los últimos dos meses", dijo ella. "He albergado resentimiento en tu contra. No te he tratado como a un hermano. Mi actitud no ha sido la de una amiga. ¿Podrías perdonarme?"

Los ojos de David también se inundaron con lágrimas.

"Cuando vi sus lágrimas", dijo Claire, "me percaté de cuánto lo había herido con mi pecado".

David sintió un gran alivio, y a la vez culpa. "Cuando ella se excusó", dijo él, "reconocí que yo también había pecado de igual manera en su contra. Sí, yo sentí que ella no fue sincera conmigo. Pero Dios me mostró que yo también albergaba resentimiento. Y en vez de ir donde ella y preguntarle si me iba a responder o no, en mi orgullo rehusé hablar con ella. Había dejado de tratarla como mi hermana y amiga. Yo también le pedí que me perdonara".

Ese día, David y Claire se reconciliaron. Y la experiencia, aunque difícil, fortaleció aun más su amistad.

Deseándolo demasiado

Aunque su amistad con Claire había regresado a un nivel normal, la experiencia del rechazo continuaba creando confusión y frustración en David. ¿Por qué razón le había mostrado Dios con claridad que procediera con un acercamiento, si él sabía que su respuesta iba a ser no? ¿Acaso no estaban todos su patos en fila? Él tenía un buen trabajo, se sentía emocional y espiritualmente maduro, y la gente a su alrededor pensaba que estaba preparado. ¡Él estaba preparado! ¿Entonces, cuál era el problema?

David habló con Kenneth, su pastor, quien pacientemente lo escuchó mientras ventilaba sus frustraciones. "David, creo que has convertido el matrimonio en un ídolo", le dijo Kenneth.

"¡No, no, ya he trascendido más allá!", dijo David protestando. "He orado al respecto. He examinado mi corazón. Yo estaba contento siendo soltero, antes de hablar con ella".

"Todo eso es muy bueno", dijo Kenneth. "Pero examina tu respuesta ante su falta de interés: albergaste resentimiento en tu corazón y te enojaste. Tal reacción me hace pensar que deseas el matrimonio demasiado. Se ha convertido en un pequeño dios sustituto en tu vida, y cuando no lograste tenerlo, reaccionaste de modo pecaminoso.

Juan Calvino escribió lo siguiente: "La maldad en nuestro deseo, generalmente no radica en lo que deseamos, sino en que lo deseamos demasiado". David reconoció su error. El matrimonio era algo bueno. Y algo bueno para que él deseara. Pero misericordiosamente, Dios estaba usando la difícil experiencia de tener que negarle este deseo, para mostrarle que lo deseaba demasiado. Él había estado depositando su esperanza de felicidad en comenzar una relación de cortejo y casarse, en vez de confiar en Dios para su máxima satisfacción.

Dejándolo ir

Transcurrieron dos años. Durante este tiempo, David oró por otras chicas. En un momento dado se acercó a otra joven de su iglesia sobre la posibilidad de considerar una relación. Ella también dijo que no. "Ese fue el segundo 'golpe'", dijo riéndose.

Una chica por quien David no estaba dispuesto a hacer otro intento era Claire. La amistad entre ambos estaba más sólida que nunca, y él no quería ponerla en peligro. Además, él pensaba que ella todavía estaba enamorada de Neil.

Pero David no sabía que Dios estaba llevando la relación entre Claire y Neil a un final. "Nos estaba distrayendo a los dos", explica Claire. Finalmente ella y Neil dialogaron y decidieron que tener la relación en espera, por tiempo indefinido, no era saludable para ninguno de los dos. "Decidimos que era mejor suponer que nada iba a suceder entre los dos".

Haber terminado la relación con Neil no fue fácil para Claire. Las ataduras emocionales eran fuertes. "Es que aún tengo todos estos sentimientos por Neil", le dijo al pastor Kenneth. "¿Cómo voy a cambiar mis emociones y sentimientos?

"Puedes hacerlo", le aseguró Kenneth, "primero tienes que cambiar tu forma de pensar respecto a Neil. Cuando lo hagas, tus sentimientos y emociones te seguirán el paso".

"Eso era precisamente lo que necesitaba", dice Claire. "Por dos años yo había estado pensando en Neil como el que podía llegar a ser mi esposo, en vez de como un hermano en el Señor. Yo tenía que renovar mi forma de pensar, y soltar todo reclamo sobre su vida. Cuando los sentimientos por él volvían a la superficie, por lo general, siempre los podía identificar como la causa de pensamientos equivocados".

Las cosas no cambiaron de la noche a la mañana, pero poco a poco los sentimientos de Claire hacia Neil comenzaron a desaparecer. "Dios usó este tiempo para enseñarme que debía confiar en Él con todo mi corazón, a creer que si la relación con Neil no era parte de su plan para mi vida, que Él me ayudaría y traería un cambio en mi corazón. Y lo hizo. Se llevó todos los sentimientos".

Varios meses después que los sentimientos por Neil desaparecieron, algo sorprendente comenzó a suceder. Claire comenzó a sentir atracción por David. Ella comenzó a fijarse en su actitud de servicio, su humildad y su liderazgo. Esta atracción se sentía diferente a experiencias previas cuando le gustaba algún chico. "Antes, la actitud siempre había sido: '¡Este es el tipo que deseo!' Pero en esta ocasión pensé: 'Este es un hombre al cual yo podría seguir'".

A pesar de un aumento en sus sentimientos, Claire no quería llenarse de esperanzas. Después de lo que sucedió la primera vez, ella dudaba mucho que David se arriesgara con ella nuevamente.

Un tipo de paz diferente

David continuaba ignorante de todos estos cambios en Claire. Una cosa sí estaba seguro —aún tenía sentimientos por ella—. De hecho, a menudo se preguntaba qué fue lo que quiso decir el señor Richardson cuando expresó: "No aceptes su primera respuesta". ¿Debería hacer un segundo intento? ¿Estaría él dispuesto a perder su amistad?

Mientras meditaba sobre estas cosas, David se sorprendió al reconocer que no estaba ansioso. Dios había estado haciendo un cambio en su vida. Y aunque no siempre se percataba de ello, y aunque a veces sentía como si su vida estaba en una eterno tiempo de espera, Dios había estado haciendo una importante obra en su corazón. El chico que necesitaba "tener todos sus patos en fila" había crecido, y ahora confiaba en Dios más que en sus meticulosos planes. El chico que anhelaba casarse, ahora le presentaba a Dios sus peticiones con alegría y acción de gracias, en vez de con espíritu de quejas y desesperación.

Un versículo clave que sirvió de gran aliento para su vida fue Filipenses 4:6-7

Por nada estéis afanosos, sino sean conocidas vuestras peticiones delante de Dios en toda oración y ruego, con acción de gracias. Y la paz de Dios, que sobrepasa todo entendimiento, guardará vuestros corazones y vuestros pensamientos en Cristo Jesús.

Ahora sus oraciones respecto del matrimonio y el cortejo eran muy diferentes.

Dios, no deseo estar ansioso respecto de esta área de mi vida, solía orar. Presento mis peticiones ante ti. Me gustaría casarme, y saber muy bien en quién estoy interesado. Pero confío en tu Palabra que dice que tu paz, que trasciende todo entendimiento, guardará mi corazón. Yo deseo tu paz, y no la paz que yo pretendo crear.

Cierto día, durante su viaje de una hora a la ciudad de Baltimore, David oró: *"Dios, ¿cuándo es el tiempo que tienes designado para que me involucre en una relación?*

Al hacer esta oración, David reconoció que era la primera vez que no estaba suponiendo saber quién sería la chica. Y por fin la dejó ir. "Para mí, esto era evidencia de que Dios me estaba transformando", dice David. *"Y oré: Señor, necesito que me ayudes a determinar quién, cuándo y cómo".*

El tiempo perfecto en la ciudad de los vientos

Para David y Claire, lo perfecto y en el momento perfecto, llegó mientras se encontraban juntos en un viaje a la ciudad de Chicago. Los dos viajaron con otros veinticinco jóvenes adultos para servir en una nueva iglesia, y evangelizar en esa ciudad.

La noche antes de partir, David y sus padres entablaron una conversación inesperada sobre el matrimonio. Le preguntaron cuándo pensaba interesarse y procurar una relación con una chica.

Amorosamente lo animaron a que no se detuviera por causa de un sentimiento de temor. "Hijo", le dijo su padre", ¡creo que debes emprender la marcha!"

"¡Emprender la marcha!" Y con esas palabras resonando en sus oídos, David y el resto del grupo volaron hacia la ciudad de Chicago. ¿Le estaría hablando Dios a través de sus padres, y diciéndole que ya había llegado el tiempo de moverse?

Una noche en Chicago, comenzó a dialogar con Amy y Nicole, dos chicas que habían sido sus amigas desde la escuela superior. Para sorpresa suya, la conversación dio un giro hacia el tema del matrimonio. "¿Y qué estás esperando para establecer una relación con una chica?", le preguntaron entre risitas de curiosidad. Amy y Nicole no tenían idea del enorme peso de su próxima declaración. "David, sabes que te apreciamos muchísimo. ¡Bueno, lo que queremos decirte es que ambas sentimos que debes emprender la marcha!"

David casi no podía creer que sus dos amigas estaban repitiendo las palabras exactas de sus padres. Él comenzó a decirles que se sentía contento. Que sentía verdadera paz, y que no tenía ninguna prisa. Y mientras hablaba, David se percató del gran significado que tenían sus palabras. ¡Verdaderamente creía lo que estaba diciendo! Estaba contento y en paz.

Y de pronto, en medio de esta paz divina, David percibió que Dios le decía que había llegado el momento de intentarlo otra vez.

Un intento más

David escogió la última noche del viaje para actuar. El grupo se encontraba caminando por el centro de la ciudad de Chicago. David quería medir el tiempo de su conversación con Claire, para que ocurriera mientras estuvieran cruzando un puente que se extiende sobre el río Chicago. Se mantuvo detrás del grupo, y para su deleite, allí también estaba Claire.

Cuando llegaron al puente, él preguntó: "¿Claire, podría hablar contigo un minuto?"

"Por supuesto", respondió ella. Él parecía tan serio.

Ambos detuvieron el paso, y dejaron que los demás se adelantaran para así poder disfrutar de cierta privacidad.

"¡Cielos, no puedo creer que estoy haciendo esto... otra vez!", dijo David, y se rió.

Claire aguantó la respiración. ¿Estaba él a punto de... no... no, no puede ser?

David comenzó a enunciar lenta pero intencionalmente cada expresión que le vino a su mente. "¿Me pregunto si considerarías... orar por... la posibilidad de... quizá pensar sobre... posiblemente comenzar una relación conmigo?"

Y antes de que Claire tuviese la oportunidad de responder, se apresuró a asegurarle que ella no estaba en ninguna obligación de estar interesada, y que de no estar interesada todo quedaría igual, ya que él siempre continuaría siendo su amigo, de hecho, ella no tenía que responderle de inmediato... ella podía esperar tanto tiempo como quisiera... y...

"¿Te puedo dar una respuesta ahora mismo?", lo interrumpió Claire.

"Por supuesto".

"Mi respuesta es sí", dijo ella.

De pie en el puente que cruza sobre el río Chicago, y con el corazón palpitando en su pecho a toda velocidad, lo único que David pudo decir fue: "¡Genial!"

En su tercer intento, bateó un cuadrangular.

Aprendiendo sobre la marcha

Veo muchas cosas que podemos aprender de la historia de David y Claire. Permíteme compartir algunas de las que parecen ser las más importantes.

1. Recuerda que Dios está interesado en los detalles del viaje y no tan sólo en el destino final.
David quería finalizar su preparación para el matrimonio; Dios quería revelar los ídolos que había en su corazón. Claire deseaba que Dios bendijera su elección de un esposo; Dios quería que ella sometiera sus emociones a Él.

Es un error considerar el proceso de decidir cómo, cuándo y con quién comenzamos una relación, como algo a través de lo cual *"debemos pasar"*, para poder proceder hacia el cortejo y luego el matrimonio. Dios no tiene prisa. Su interés en todo esto no se limita a llevarnos hasta el matrimonio, Él desea usar este proceso, con todas sus preguntas e incertidumbres, para refinarnos, santificarnos y aumentar nuestra fe.

2. No espiritualices más de lo necesario el proceso de tomar decisiones.
Dios usó medios prácticos para guiar a David: una evaluación meticulosa, de su propia preparación para el matrimonio, el consentimiento de los padres de Claire, el ánimo de sus padres y amigos, y su propio sentir de paz en cuanto a dialogar con ella una vez más.

En cierta ocasión C. S Lewis le escribió lo siguiente a un amigo: "No dudo que el Espíritu Santo guía tus decisiones desde adentro, cuando las tomas con la intención de agradar a Dios. El error sería pensar que Él sólo habla desde el interior, cuando en realidad Él también habla a través de la Escritura, la Iglesia, amigos cristianos, libros, etc". Y aunque primordialmente Dios le habla a los creyentes a través de su Palabra, Él confirma y nos dirige en muchas maneras diferentes. Pero debemos resistir espiritualizar sobremanera los pasos que Él espera demos al tomar decisiones.

Dios conoce todas las cosas. Él conoce con quién nos vamos a casar, aun antes que nosotros lo conozcamos. Pero eso no significa que nuestra tarea sea descubrir lo que Él ya sabe, o preocuparnos ante la idea de no estar en Su Plan perfecto. Nuestra responsabilidad es amarlo, y aprender a evaluar nuestras decisiones a la luz de la sabiduría bíblica. Si hacemos estas cosas, podemos tomar decisiones en la confianza de que no vamos a errar, en cuanto a la voluntad de Dios se refiere.

¿Fracasaremos a veces, y cometeremos errores? Por supuesto que sí. Pero la posibilidad de fracasar nunca debe paralizarnos. Aunque para David no fue nada fácil, Dios usó el rechazo inicial de Claire para su propio bien. Dios obra a través de nuestras decisiones y acciones —aun nuestros malos pasos— para llevar a cabo lo mejor que Él desea para nuestras vidas.

Por otro lado, me gustaría ofrecerles a los hombres una advertencia: No estoy diciendo que no se requiere iniciativa, o que permanecer sentados esperando hasta que Dios haga caer desde el cielo una esposa es una actitud piadosa. Como dice el antiguo dicho: "A veces la falta de esfuerzo se confunde con la paciencia". Tampoco debes confundir la falta de valentía con la sabiduría.

3. Nuestro romántico ideal de lo que anhelamos en un cónyuge, es a menudo diferente de lo que Dios dice que es verdaderamente importante.

La parte que más me gusta en la historia de David y Claire es cuando ella comenzó a enamorarse del carácter de David, no de su imagen o personalidad, sino de su *carácter*. Al principio, David no encajaba con su noción romántica de lo que verdaderamente importa en un esposo, pero luego pudo reconocer que él era un hombre a quien ella podía seguir.

La experiencia de Claire es un buen recordatorio para el resto de nosotros, de que debemos examinar cuidadosamente nuestro criterio de lo que es un cónyuge, y ver si el mismo está en línea con el criterio de Dios. El primer criterio no–negociable, es que el posible cónyuge tiene que ser un creyente. Pero eso no es todo lo que importa. El libro de Proverbios concluye con un capítulo entero dedicado a describir la "esposa de carácter noble". Dice que la mujer que teme al SEÑOR será alabada, y que su valor supera mucho al de las joyas (Proverbios 31:10, BLA). Dios dice que la virtud y el carácter son lo que más importa.

¿Y por qué es esto tan importante? Porque aquellos que escogen un cónyuge basado en preocupaciones externas y pasajeras, experimentan gran dolor. El libro de Proverbios está salpicado con advertencias sobre lo malo que puede llegar a ser un matrimonio. Allí nos dice: "La mujer virtuosa es corona de su marido; mas la mala, como carcoma en sus huesos" (Proverbios 12:4 RV60). También nos advierte sobre el "haragán" y el "hombre iracundo" (Proverbios 20:4; 29:22 RV60). Dice que es mejor vivir en el rincón del terrado o en el desierto, que compartir la casa con una mujer rencillosa (Proverbios 21:9,19 RV60).

Debemos asegurarnos de no permitir que nuestras nociones necias y románticas, nos lleven hasta el matrimonio con una persona que carece de carácter piadoso.

Un segundo sí

El cortejo, es una temporada en la que dos personas pueden cultivar una buena amistad, aprenden a conocer el verdadero carácter del otro, y a examinar cómo interactúan como pareja. Como veremos en el próximo capítulo, el cortejo no es un precompromiso. Es un tiempo dedicado a considerar la *posibilidad* de un futuro matrimonio, y de procurar tomar una sabia decisión.

Hay quienes deciden que es mejor permanecer siendo amigos, y dan por terminada la relación de cortejo. El cortejo de David y Claire terminó cuando los dos amigos decidieron que debían convertirse en novios. Claire respondió que sí por segunda vez cuando, una víspera de Navidad, David le pidió que fuera su esposa.

Tuve el privilegio de asistir a su boda. Fue una celebración hermosa, con una gran sorpresa como toque final. David había hecho arreglos para que un helicóptero aterrizara detrás de la iglesia, y llevó a los recién casados directo hasta un hotel en el centro de Washington, D.C. ¡Una salida excepcionalmente dramática!

De pie junto a los demás invitados, y observando el despegue del helicóptero en un claro atardecer, no podía dejar de pensar sobre la maravillosa bondad de Dios. El chico que una vez experimentó el aguijón del rechazo, por fin podía abrazar a su novia. La chica que ante el fastidio, una vez le pegó puños a su sofá sólo por pensar que David Tate estaba enamorado de ella, volaba ahora junto a él hacia su luna de miel, más enamorada de lo que jamás pudo imaginar.

En el programa de la ceremonia matrimonial, Claire incluyó un verso tomado de uno de sus libros favoritos por L. M. Montgomery, titulado *Anne of Avonlea*. Ella lo escogió porque el mismo describe su experiencia a la perfección.

> *"Quizá, después de todo, el romance no llega a la vida de uno con pompa y platillo, como un alegre caballero montado en un corcel; Quizá se deslizó calladamente por un lado, como un viejo amigo; Quizá se reveló a sí mismo en aparente prosa, hasta que un repentino rayo de iluminación abrió de par en par sus páginas, traicionando el ritmo y la música; Quizá... quizá... el amor se extendió naturalmente de una hermosa amistad, como una rosa de dorado corazón escapando de su verde funda".*

Quizá después de todas nuestras preocupaciones y preguntas, descubriremos que en todo momento, Dios tenía lo perfecto, y en el momento perfecto, para cada uno de nosotros. Quizá su plan es más maravilloso que ninguna cosa que por esfuerzo propio pudiésemos crear, sea que venga con "pompa y platillo", o calmadamente, "como un viejo amigo".

Quizá... quizá... deberíamos confiar nuestras preguntas sobre "¿Cómo?" "¿Quién?" y "¿Cuándo?" al tierno cuidado del Señor.

Segunda **parte**

La temporada de una relación de cortejo

Capítulo **cinco**

Más que amigos, menos que novios

Cómo cultivar y proteger la amistad,
el compañerismo y el romance

Nos encontrábamos comiendo en la panadería *Corner Bakery*, cuando mi amigo preguntó: "¿Ya escuchaste sobre Wes y Jenna?"

"No", le respondí mientras batallaba con mi plato de ensalada. Wes y Jenna eran dos jóvenes solteros de nuestra iglesia que recientemente se habían convertido en 'pareja'. "¿Y cuál es la noticia?"

"Ambos decidieron terminar con su relación de cortejo", dijo él.

Detuve el bocado antes que llegara a mi boca.

"¿Hablas en serio?" ¿Y quién terminó con la relación?"

"Supongo que fue de acuerdo mutuo", dijo él encogiendo los hombros. "Ambos sintieron que Dios los estaba dirigiendo a terminar".

"Qué lamentable", dije yo.

Mi amigo asintió.

Wes y Jenna eran muy buenos amigos. Yo llegué a pensar que eran la pareja perfecta y que el compromiso era inminente.

"Es demasiado triste cuando una relación de cortejo fracasa", dije pensativo.

"Sí", confirmó mi amigo.

Yo estaba a punto de continuar con mis comentarios melancólicos cuando me percaté de lo errado que estaba en mi forma de pensar. ¿Qué estaba diciendo? La relación entre Jenna y Wes no había fracasado. El propósito de la misma había sido para conocer si debían casarse, y era evidente que Dios les había mostrado que la respuesta era no. Sólo porque esa no era la respuesta que yo hubiese preferido, no significaba que el cortejo fue un fracaso.

"Permíteme corregir esa última declaración", dije.

"¿A qué te refieres?", preguntó mi amigo.

"Debí haber dicho que es muy triste cuando las relaciones de cortejo no resultan tal y como lo deseo". Como mi amigo estaba al tanto de mi mal hábito como casamentero, sonrió y me guiñó un ojo a sabiendas.

"Un brindis", dije levantando al aire un vaso lleno de Coca Cola. "Por nuestros buenos amigos Wes y Jenna, en el final de un *exitoso* cortejo".

Definiciones correctas

¿Cuál es tu definición de una relación de cortejo exitosa? Es una pregunta importante que debemos responder antes de lanzarnos a la aventura de buscar la voluntad de Dios respecto al matrimonio. A menudo actuamos como si las únicas relaciones de cortejo exitosas son aquellas que culminan en un brillante anillo de diamante y con las palabras: "¡Cásate conmigo!" Pero un cuidadoso examen nos revela cuán limitada y necia es esta idea.

Piensa sobre esto por un momento. El compromiso no es necesariamente algo bueno. Hoy día, muchas parejas basan sus decisiones de establecer un compromiso, basados en las emociones o en una pasión transitoria, en vez de hacerlo sobre el fundamento de la realidad y la sabiduría. ¿Podríamos decir que una relación que termina en una unión imprudente es exitosa? ¡Por supuesto que no! ¿Y qué diremos de la pareja que se compromete después de haber tenido una relación de cortejo que se ha caracterizado por el egoísmo, el pecado sexual y la manipulación? ¿Exitosa? No creo. Podemos albergar esperanzas de que su matrimonio llegue a ser próspero, pero es imposible decir que este tipo de relación de cortejo fue un éxito.

Cultivar y proteger

Es obvio que necesitamos refinar nuestra definición de éxito en el cortejo. Nuestra meta primordial no debería ser el llegar a un compromiso. ¿Entonces, cuál debería ser la meta?

Creo que en una relación de cortejo que glorifica a Dios y que es guiada por la sabiduría, encontramos dos prioridades centrales. La primera *es, tratarnos el uno al otro con santidad y sinceridad;* y la segunda, *arribar a una decisión respecto al matrimonio que sea sabia y bien informada.*

Durante el cortejo, nuestras metas deberían ser *cultivar* (crecer) y *proteger.* Queremos cultivar una amistad que nos permita conocer el carácter del otro, y a la misma vez, queremos proteger nuestros corazones (sentimientos), porque no sabemos con certeza, cuál ha de ser el resultado final de dicha relación.

Al comienzo del cortejo, un hombre y una mujer no están seguros si deben casarse. Necesitan conocerse, observar cómo es el carácter del otro, y ver cómo se relacionan de pareja. Esto es lo que significa el proceso de crecer y cultivar. Pero el hecho de que el futuro es incierto, los debe motivar también a tratarse el uno al otro con el tipo de integridad que les permita en un futuro; mirar hacia esta temporada de cortejo sin ninguna clase de resentimiento, no importa cuál sea el resultado final.

Segunda de Corintios 1:12 resume lo que cada pareja cristiana debería poder decir al final de su relación de cortejo:

Para nosotros, el motivo de satisfacción es el testimonio de nuestra conciencia: Nos hemos comportado en el mundo, y especialmente entre ustedes, con la santidad y sinceridad que vienen de Dios. Nuestra conducta no se ha ajustado a la sabiduría humana sino a la gracia de Dios. (NVI)

En vez de tener el compromiso como la meta final del cortejo, nuestra meta debería ser tratarnos de una manera piadosa, tomar la decisión correcta respecto al matrimonio, y tener una conciencia limpia, en cuanto a nuestras acciones se refiere.

Mi amigo Leonard, un hombre soltero, mayor de treinta años de edad, se sintió desilusionado cuando Rita terminó su relación de cortejo. Pero, debido a que en todo momento actuó con ella en forma apropiada, pudo experimentar la paz que proviene de una conciencia limpia.

"Por supuesto que mi orgullo se hirió", dijo Leonard. "Me pregunté muchas veces '¿Por qué?' y '¿Dónde estuvo la falla?' Pero, considero que nuestro cortejo fue un éxito, porque al final de todo, pude alabar a Dios por haber servido y honrado en todo momento a mi hermana. Siempre la traté con el respeto que merece una hija de Dios. En cuanto a mí se refiere, todas mis motivaciones, pensamientos y acciones, fueron siempre las correctas".

Maniobra de equilibrio

Mantener las prioridades de cultivar y proteger, hacen de la relación de cortejo una maniobra de equilibrio. Tienes el propósito definido de considerar el matrimonio, pero a la misma vez, necesitas batallar en contra del impulso de suponer que te vas a casar.

Esto me hace pensar en los que caminan sobre la cuerda floja en una función de circo. ¿Has visto alguna vez a uno de estos expertos caminar a lo largo de una cuerda, a treinta metros de altura? Si lo has visto, entonces, sabes que el secreto de su estabilidad sobre la cuerda radica en la vara de equilibrio que llevan cargando. Tenerla en posición horizontal con ambas manos, evita que el individuo pierda el equilibrio y que se caiga de la cuerda.

Podríamos decir, que en el cortejo estamos caminando a lo largo de una cuerda floja que se extiende desde el extremo de la amistad, hasta el matrimonio. Las dos prioridades de cultivar y proteger, son como ambos extremos de la vara de equilibrio.

Necesitamos sostener la vara en el centro, para lograr el éxito. Si protegemos demasiado, no lograremos proceder en la relación; y si procedemos demasiado rápido en el cultivo de una intimidad (a cualquier nivel), nos exponemos al riesgo del daño emocional, o a la toma de decisiones necias en el futuro.

Existe una tensión, la cual debes mantener. Sólo recuerda que esta tensión es buena. Si Dios te guía hacia el matrimonio, no tendrás que proteger tu corazón, ya se pertenecen completamente el uno al otro. Y créanme, que ambos apreciarán los recuerdos de su trayectoria de cortejo a lo largo de la cuerda floja, como parte de una relación emocionante y única.

Nunca olvidaré el día de San Valentín (día de los enamorados o de la amistad), durante mi relación de cortejo con Shannon. ¡Fue algo maravillosamente difícil! En esta fiesta de los enamorados, yo no estaba seguro de cómo dirigirme a ella. Shannon era mi amiga, pero a la vez, éramos más que amigos. Así que éramos algo más que amigos, pero no novios. ¡Me sentí como si estuviera de regreso en el séptimo grado, agonizando sobre el significado de las palabras escritas en las tarjetas del día de San Valentín!

En una tarjeta que me tomó horas escribir, hice la pregunta: "¿Cómo hacer para proteger el corazón de una chica, mientras uno intenta decirle cuán especial es ella? ¿Puedes obsequiarle una rosa al darle las gracias por su amistad?"

Mis preguntas captaron la tensión saludable que existe en una relación de cortejo. ¿Puedes obsequiarle una rosa al darle las gracias por su amistad? Suena cómico, pero creo que sí puedes hacerlo. Forma parte del proceso de permitir que lentamente florezca el romance bajo el vigilante ojo de la prudencia y el dominio propio. Son más que amigos, y, por lo tanto, pueden determinar si deben unir sus vidas en matrimonio; pero a la vez, son menos que esposos, sus cuerpos y corazones aun no les pertenecen por completo.

Disfrútenlo. No se apresuren. No desprecien ni apresuren el preciado período del cortejo, aunque a menudo sientan la tensión. En vez, atesoren esta temporada. Equilibrar la necesidad de cultivar y proteger durante el cortejo, es un aspecto necesario y satisfactorio de su trayectoria hacia el matrimonio, en forma sabia, en santidad y sinceridad.

Para que el cortejo sea un éxito absoluto y un deleite, necesitamos cultivar y proteger tres áreas: la amistad, el compañerismo y el romance. Vamos a examinar cada una, y de esta manera, poder ver lo que significa establecer un equilibrio saludable en cada área.

Amistad

Lo primero y lo más importante que debes hacer en tu relación de cortejo, es cultivar una profunda amistad entre ambos. No tienes que preocuparte por encender de inmediato los sentimientos románticos, o preguntarte si son o no compatibles para el matrimonio. Todo irá cayendo en su debido lugar, al ir progresando la amistad.

El proceso de cultivar la amistad, involucra aprender quiénes son ustedes como individuos, y esto se logra por medio de la conversación. Implica divertirse juntos y pasar tiempo de calidad juntos.

Cuando comiencen, no cedas ante la tensión de verte obligado a orquestar increíbles y entretenidas citas románticas. Relájate y disfruta la compañía de la persona que está a tu lado. Identifiquen actividades y lugares que les permitan estar juntos y dialogar con libertad. Y no se limiten a estar solos. Busquen la manera de compartir juntos los diferentes aspectos de sus vidas; lo divertido, lo común, y todo lo que haya en el medio de estas dos. Trabajen juntos y jueguen juntos; sirvan el uno al lado del otro.

La pregunta estratégica que deben mantener en mente es: ¿Cómo hacer para que el otro vea al 'verdadero tú'? Todo aquello que amas y aprecias, todo lo que capta tu imaginación, involucra a la otra persona para que participe en ello, y pídele que te invite a participar en su mundo también.

"Me considero un alumno de Nicole", dice Steve, quien ha estado involucrado en una relación de cortejo con ella por tres meses. "Quiero conocer quién es ella en verdad, para llegar a ser un mejor amigo. Mucho de lo que aprendo se lleva a cabo cuando estamos dialogando a solas. Pero también, he descubierto que debo hacer preguntas con propósito. Durante el día, si pienso en algo que deseo preguntarle, lo anoto en mi computador de bolsillo (Palm Pilot), y así no olvido preguntarle cuando estamos juntos".

Proteger el corazón del otro durante este tiempo significa, estar seguro de que la amistad posee un *paso, enfoque y espacio* apropiados.

El *paso* no se debe apresurar. No intenten convertirse en mejores amigos durante la primera semana. Igual que cualquier otra amistad, esta también requiere tiempo y una inversión constante para que pueda desarrollarse. No se precipiten ni entren por la fuerza en la vida del otro.

En las etapas iniciales, el *enfoque* de su amistad debe concentrarse en conocerse, y no en crear intimidad prematura ni dependencia emocional. Al principio del cortejo, procuren involucrarse en actividades donde el enfoque esté centrado en algo además de su estado como pareja. En sus conversaciones y preguntas, eviten hablar sobre la relación. Procuren aprender sobre el otro. No se apoderen de más intimidad que la justificada. El enfoque cambiará en la medida que vaya profundizando la confianza mutua sobre el compromiso. Con el tiempo, lograrán tener acceso al corazón y los sentimientos del otro.

La cantidad de *espacio* que la amistad ocupe en tu vida, también irá en aumento con el pasar del tiempo. Al principio, tengan cuidado de que su amistad no haga que descuide otras relaciones con amigos y familiares. No se sientan amenazados por otras relaciones que ambos tengan. Creen espacio el uno para el otro. No intenten monopolizar el tiempo del otro. Recuerden que la exclusividad prematura en el cortejo puede ser la causa de que ambos dependan de ella, y eso no es saludable. Continúen siendo fieles con sus actuales relaciones y responsabilidades. Al ir progresando la relación, desearán pasar más tiempo juntos, pero esto debe ocurrir lentamente y con cautela.

Compañerismo

Al ir progresando la relación, debes asegurarte de que la misma tenga un fundamento espiritual. Para que tu relación sea fuerte, el amor por Dios debe ser la pasión común de ambos. El cortejo es una época que se debe usar para crecer en su habilidad de compartir esta pasión por Dios, y para animarse el uno al otro en su andar en fe.

Cultivar el compañerismo bíblico, involucra compartir con otros creyentes el aspecto más importante de nuestras vidas —la realidad de la persona de Jesucristo y Su obra en nosotros—. Esto implica orar juntos, así como compartir sobre lo que Dios nos está enseñando y mostrando.

Caballeros, es nuestra responsabilidad asumir el liderazgo del compañerismo bíblico. Compartan sobre situaciones y necesidades para orar el uno por el otro. Dediquen tiempo a dialogar sobre lo que Dios les está enseñando en su andar con Él.

Hay muchas maneras de cultivar el compañerismo. Pueden leer libros cristianos juntos, comentar sobre el sermón después de un servicio dominical, y discutir cómo piensan aplicar lo aprendido. Durante nuestro cortejo, Shannon y yo leímos juntos el libro de los Hechos, y compartimos vía correo electrónico lo que estábamos aprendiendo.

Otro aspecto importante del compañerismo, es estimularnos mutuamente a una vida de justicia y piedad. Nate, un joven de Gran Bretaña, hizo precisamente esto durante su relación de cortejo con Claire, al pedirle a la chica que señalara las áreas en su vida donde ella había observado algún tipo de transigencia. "De modo consistente, yo le preguntaba si había observado algún comportamiento o actitudes que eran ofensivas o que traían deshonra sobre ella, o sobre Dios".

Proteger el fruto del verdadero compañerismo bíblico significa aumentar cada vez más tu pasión y amor por la persona de Dios, en vez de crear mutua dependencia emocional. La meta debe ser guiar a la otra persona hacia Dios. Todas las ideas que hemos compartido sobre cómo cultivar el compañerismo, deben protegerse de todo tipo de abuso. Nunca debemos usar las actividades espirituales, como medio para apropiarse de más intimidad de la debida dentro de nuestra relación.

Conozco una pareja que terminó participando en pecado sexual como resultado de momentos de "oración" extendidos, en el auto del chico. Otros usan la fachada de "hablar sobre asuntos espirituales" para compartir prematuramente, detalles muy privados sobre su persona. Y aunque hay espacio dentro de la relación para la confesión de faltas y rendir cuentas por nuestro comportamiento, esto nunca debe tomar un giro de naturaleza sexual. Nuestro recurso primario para rendir cuentas por nuestro comportamiento, debe ser con miembros del mismo sexo.

Otro aspecto relacionado con proteger nuestro corazón dentro del compañerismo, tiene que ver con estar plenamente seguros de no intentar ocupar el lugar de Dios en la vida de la otra persona. Si comienza a depender el uno del otro, como la principal fuente de consuelo, aliento, y valentía, algo anda mal. Ambos deben recordar siempre que la plena satisfacción del alma se encuentra sólo en Dios.

Romance

Hemos dejado la discusión sobre el tema del romance hasta el final, intencionalmente. Cultivar el romance, sólo debe llevarse a cabo cuando existe cierto nivel de profundidad en la amistad y el compañerismo.

El proceso de perseguir, buscar y cazar, es la esencia del puro romance en que un hombre demuestra a través de sus palabras y acciones apropiadas su cariño, afecto, y amor sincero por una mujer, y la mujer responde de la misma forma.

Aunque el romance no es la primera de las prioridades durante el cortejo, sí es importante. Los sentimientos románticos y la expresión pura, no-física de tales sentimientos son un aspecto esencial de este tiempo dentro de la relación. Si Dios está confirmando la sabiduría y justicia de la relación, los sentimientos románticos deben ser reconocidos como algo bueno, y como un regalo de parte de Dios. Nuestra meta durante el cortejo no es suprimir nuestros sentimientos de afecto y amor; más bien, someterlos a Dios y cultivarlos y protegerlos.

Caballeros, durante la relación de cortejo, es nuestro privilegio ser quienes inician las expresiones de romance. A lo largo de la relación, es adecuado que comuniquemos "amor fraternal" genuino (Romanos 12:10). Envíale a la joven un mensaje vía correo electrónico durante el día y hazle saber que has estado pensando en ella. Obséquiale tarjetas y escribe notas alentadoras. Regálale flores como muestra de lo especial que ella es. El romance no tiene que ser ostentoso ni fantástico. Las cosas más importantes que un hombre puede hacer por una mujer, son los pequeños detalles que le hacen saber a ella que siempre está presente en tu mente y corazón. Y no olvides que estas destrezas no están limitadas al cortejo. ¡Si te casas, vas a gozar del gran privilegio de "perseguir" y "cazar" a tu esposa por el resto de tu vida!

La guía respecto a lo que hacemos y no hacemos durante el cortejo es, que nunca debemos permitir que nuestra expresión de romance prometa más compromiso del que estemos dispuestos a expresar en palabras. El mismo, debe ir aumentando en la medida que aumenta nuestra confianza respecto al matrimonio. La meta es, decir la verdad sobre la relación. En nada le ayuda a una chica si la expresión romántica por parte de un hombre está demasiado adelantada o demasiado atrasada.

Durante el primer mes de su cortejo con Nicole, mi amigo Steve estaba tan comprometido a proteger el corazón de ella, que se olvidó de mostrar a través de sus acciones cuánto la quería, ¡y créanme que en verdad la quería! Lo cierto es que Steve estaba plenamente confiado de querer casarse con Nicole, pero ella interpretó su actitud reservada como falta de interés serio en la relación. Esto hizo que ella se protegiera más de lo debido, lo cual creó dificultad para que ambos se conocieran mejor.

Afortunadamente, el padre y la madre de Nicole estaban muy al tanto de la relación, y al captar el problema, intervinieron. Cierto fin de semana mientras Nicole viajó fuera de la ciudad para visitar a su hermana, su padre se reunió con Steve y le dijo que tenía que ser más expresivo con sus sentimientos. "A Nicole le va a encantar si demuestras ser un poco más romántico", le dijo.

Steve se sintió feliz de poder hacerlo. ¡Se sentía como un niño al que le habían dicho que tenía que comer más golosinas! Cuando al día siguiente fue a recoger a Nicole al aeropuerto, la estaba esperando en la puerta de salida con un ramillete de flores, y una gran sonrisa. Desde entonces, Steve ha estado acelerando el nivel de expresiones románticas por medio de palabras y acciones.

Queridas damas, es apropiado que ustedes respondan a dicho aumento de expresiones románticas por parte del chico. Su meta debe ser igualar, pero no adelantarse al paso del muchacho. Nicole ha hecho precisamente esto en su relación con Steve. Ella le correspondió cuando él aceleró el paso romántico. Cuando Steve se fue de viaje con varios amigos, ella le preparó pequeñas sorpresas y notas para cada día de su viaje. Primero, preparó al horno sus galletas de chocolate favoritas, e hizo que una asistente de vuelo se las entregara en el avión. Y cuando llegó a la casa donde se iba a hospedar, su helado favorito lo esperaba en la nevera. (¿Puedes ver surgir un tema en específico? ¡A las mujeres les gustan las flores: a los hombres las comidas!) Steve y Nicole estaban cultivando el romance, en un momento importante de su relación, y por las razones correctas.

Caballeros, cuando sabemos que queremos casarnos con una chica, podemos comenzar activamente a conquistar su corazón. El enamoramiento que honra a Dios, ni es licencioso, ni es manipulador. Es puro, es sincero y está apoyado por el deseo de un compromiso que dure toda la vida.

¿Qué significa proteger nuestro corazón en materia de romance? En mi relación con Shannon, el principio que usé como guía fue muy sencillo. El romance durante nuestra relación de cortejo debía de fluir de un compromiso cada vez más profundo. Rehusé abanicar la llama del celo romántico, antes de estar seguro que quería casarme con ella. Haberlo hecho, pudo haber producido alguna diversión a corto plazo; pero a la larga, le hubiese hecho un profundo daño. La pasión romántica que se despierta sin un compromiso, puede resultar en pecado y resentimiento (ver Cantar de los Cantares 2:7).

Una puesta en práctica de este principio es la cuestión de cuándo decir "Te amo". Si sientes amor por la otra persona, ¿debes verbalizarlo? Nuevamente, debemos guiarnos por lo que le conviene a la otra persona. En algunos casos, decir "Te amo" prematuramente, podría llegar a ser algo muy poco cariñoso. A menos que tales palabras sean sinceras, y representen una expresión de verdadero compromiso, las mismas, no tienen sentido alguno y pueden ser la causa de mucho dolor.

En este aspecto no existe una regla definida. Por lo tanto, necesitamos sabiduría. Yo decidí no usar las palabras *te amo*, hasta el momento cuando le pedí a Shannon que se casara conmigo. Yo quería que ella estuviera segura de que mis palabras tenían un gran significado; que estaban ligadas a mi compromiso con ella. Mi deseo era pasar el resto de mi vida amándola.

Comparto esto con ustedes, no para decirles que siempre está mal decir "Te amo", antes del compromiso. Otros hombres a quienes respeto, las expresaron mucho antes. En sus relaciones particulares, fue beneficioso para quien recibía ese amor, conocer la profundidad de sus sentimientos, y pronto se comprometieron. Mi consejo es que procedan con cautela.

La emoción continúa

Las parejas que están cultivando amistad, compañerismo y romance, tienen que pensar sobre la diferencia en sus papeles como hombres y mujeres, comunicarse auténticamente, y desarrollar un plan para mantener la pureza sexual. Hablaremos con más detalles sobre estos asuntos, en los próximos capítulos.

¿Es idealista intentar ser más que amigos, pero algo menos que novios para ser cautelosos y cuidadosos durante el cortejo? Sí, pero eso no significa que es poco realista. Alguien dijo en cierta ocasión: "Los ideales son como las estrellas; nunca lograremos tocarlas con nuestras propias manos, pero al ir tras ellas, como lo hace el marinero en alta mar, alcanzaremos nuestro destino".

Creo que, cuando somos guiados por los ideales de amarnos mutua y sinceramente, y de considerar el matrimonio con debida sabiduría, podemos alcanzar la meta de ser para toda la vida amantes y amigos, dentro del matrimonio.

Capítulo seis

Qué hacer con tus labios

Principios prácticos
para una gran comunicación

Pocos días después de haber comprado mi teléfono celular, las llamadas comenzaron a llegar una tras otra. Desgraciadamente, ninguna de ellas era para mí. Resulta ser que mi número telefónico le había pertenecido previamente al negocio Domino's Pizza. Y a toda hora del día y de la noche, la gente me llamaba con sus pedidos.

"Lo siento", les decía, "pero no es el número de Domino's Pizza. Sí, usted marcó el número correcto. Lo que sucede es que ahora ese es el número de mi teléfono celular. No, el nuevo teléfono de Domino's Pizza no lo tengo. Sí, estoy seguro que podemos honrar su cupón de dos por uno. Adiós".

La mayoría de las personas entendían lo sucedido. Pero lo más divertido eran las personas que rehusaban aceptar un "no" como respuesta.

"Me gustaría ordenar una pizza de queso, tamaño grande", me dijo una señora.

"Lo siento señora, pero no es el número de Domino's", le dije. "Usted ha marcado mi número de celular privado".

"¿Y cuál sería el costo?", preguntó ella.

"No tengo la menor idea, este no es..."

"¿Y cuándo puede hacer la entrega a domicilio?", insistió ella.

95

"*No puedo* hacerle entrega de una pizza".
"¿Entonces ustedes no hacen entrega a domicilio?"
"¡Ni siquiera *hago* pizza!"

Algo más que simplemente hablar

Comunicación. No es algo tan sencillo, ¿cierto? Además de las complicaciones que son creadas por nuestras tendencias pecaminosas y las diferencias que existen entre el hombre y la mujer, ¡también tenemos que lidiar con números telefónicos equivocados!

Aun en las mejores relaciones, de vez en cuando hay un momento "pizza de queso". Son aquellas ocasiones en las que en lugar de hablar el uno con el otro, le hablamos *por encima al* otro. Son aquellas ocasiones cuando nos ofendemos tan fácilmente que pasamos todo el tiempo discutiendo por la ofensa, en vez de hablar sobre el asunto verdadero. Son aquellos momentos cuando estamos tan concentrados en nosotros mismos, que olvidamos que oír no es lo mismo que escuchar.

Muchas personas suponen que como saben hablar, deben entonces saber cómo comunicarse. Si fuera tan fácil. Mi experiencia con las llamadas de Domino's Pizza es prueba de que la comunicación sin interrupciones implica mucho más que hablar. Yo estaba hablando con la señora que quería una pizza de queso, pero, definitivamente no estábamos comunicándonos.

¿Y por qué? Porque la comunicación implica mucho más que hablar; implica escuchar.

Y también es mucho más que escuchar; es comprender y responder adecuadamente a lo que uno ha escuchado. La comunicación eficaz se lleva a cabo cuando dos personas no sólo saben qué decir, sino cuándo y cómo decirlo.

Muchas parejas suponen que porque hablan mucho, y porque tienen sentimientos románticos el uno por el otro, se comunican bien. Pero esto no es necesariamente cierto. Es muy posible intercambiar miles de palabras con otro individuo, y nunca llegar a conocer lo que verdaderamente creen, valoran o sienten. Es posible enamorarse con la idea de lo que uno piensa que alguien es, y sin embargo, jamás llegar a una verdadera apreciación de quien la persona es en realidad.

Si estás involucrado en una relación, y estás considerando la posibilidad del matrimonio, espero que leas cuidadosamente este capítulo. Quizá el título te hizo pensar que vamos a estar discutiendo sobre la técnica y el momento adecuado de pegarte a los labios de tu amada. Lo siento, eso no lo encontrarás aquí. La cosa más importante que tus labios pueden hacer en este momento, no es besar; sino comunicar.

Todos podemos mejorar

La comunicación sin obstáculos, es una destreza que requiere tiempo, esfuerzo y determinación por aprender. El primer paso para poder lograr una buena comunicación es admitir que no sabemos comunicarnos bien. Cada uno de nosotros necesita enfrentar humildemente el hecho de que la mayoría somos principiantes.

Especialmente los hombres tienen mucho que aprender en esta área. Pero esto no significa que vamos a descartar nuestra deficiencia bajo el lema de que "así somos los hombres". Por el contrario, tenemos que esforzarnos por aprender y así poder bendecir a nuestra mujer y experimentar el gozo de tener excelente relación.

Las mujeres no deben suponer que no tienen nada más que aprender. Temprano en su matrimonio, mi madre reconoció que aunque se comunicaba bien con mi padre al hablar sobre ideas, principios o conceptos, siempre tenía una lucha al procurar hablar sobre sus emociones.

Mi madre fue criada en lo que ella describía como una "familia japonesa callada", en la cual era muy rara la vez que sus padres y hermanos exteriorizaban sus sentimientos. Su primordial medio de comunicación era en la escuela, donde tenía la libertad de debatir sobre asuntos en el salón de clases, con sus maestros y compañeros. Como resultado, sus destrezas de comunicación estaban desbalanceadas. Similar a un levantador de pesas que sólo ejercita cierto grupo de músculos, su habilidad de comunicarse era fuerte en una área, pero débil en otra.

Mi madre sabía que si quería tener una relación saludable con mi padre, tenía que ser honesta respecto a sus debilidades. Mejorar las cosas tomó tiempo. "Hubo noches cuando permanecíamos despiertos por largas horas lidiando con un asunto en particular", me dijo ella. "Si teníamos un conflicto o desacuerdo, con mucha paciencia tu padre me hacía considerar y expresar lo que estaba sintiendo. Al principio, ni siquiera podía articular tales sentimientos. Pero al ir pasando el tiempo, aprendí a reconocer y a dialogar sobre lo que estaba sucediendo dentro de mi corazón".

Te animo a que le pidas a Dios que revele aquellas áreas en la cuales tus destrezas de comunicación necesitan mejorar. Y si comienzas a ver algunas áreas débiles, no intentes justificarlas. Pídele a Dios que te llene de gracia para poder cambiarlas. Dios se opone al que es altivo, pero promete que dará de su gracia al humilde (Santiago 4:6). Y cuando te humilles, la poderosa gracia de Dios comenzará a transformarte.

Cinco principios para una comunicación auténtica

¿Aún recuerdas las dos prioridades centrales de una relación de cortejo que glorifica a Dios, que mencionamos en el capítulo 5? Estas eran: *tratarse el uno al otro con santidad y sinceridad, y tomar una decisión sabia y bien informada respecto al matrimonio.* Al discutir el tema de la comunicación durante el cortejo, estas dos prioridades deben ser lumbreras que nos guían. Queremos poder decir con limpia conciencia que nuestras palabras fueron sinceras. Queremos conocer el verdadero carácter de la otra persona y lograr una mayor comprensión de las actitudes, valores, opiniones y convicciones que ambos tenemos sobre la vida.

El cortejo es el tiempo para identificar debilidades en la manera como se comunican, y de trabajar juntos para fortalecerlas. Nuestra norma no debería ser la perfección, sino un crecimiento constante. Los cinco principios que aparecen a continuación, pueden ayudarte a mejorar tu nivel de comunicación durante el cortejo.

Principio #1: Los problemas de comunicación casi siempre son problemas del corazón.

En su popularísimo libro titulado *Los hombres son de Marte y las mujeres son de Venus,* el autor John Gray usa una imaginativa metáfora para explicar por qué los hombres y las mujeres tienen tanto problema a la hora de comunicarse. Él dice que hace mucho tiempo, ciudadanos de Marte y de Venus se enamoraron y se mudaron para el planeta Tierra, pero poco tiempo después de su llegada, se olvidaron de su origen planetario distinto. "Y desde ese momento", escribe Gray, "los hombres y las mujeres se han visto involucrados en un conflicto". Pero si yo fuese a escribir un libro sobre nuestro problema en el área de la comunicación, le pondría por título, *Los hombres son de la Tierra, y las mujeres son de la Tierra, y nuestro problema es el pecado.*

Es cierto que los hombres y las mujeres traen diferentes necesidades y estilos de comunicación a una conversación. Pero una y otra vez, Dios nos dice que las palabras que hablamos y cómo nos comunicamos tienen su fundamento en nuestro hombre interior. Jesús dijo: "El hombre bueno, del buen tesoro de su corazón saca lo bueno; y el hombre malo, del mal tesoro de su corazón saca lo malo; porque de la abundancia del corazón habla la boca" (Lucas 6:45). Santiago hace la pregunta: "¿De dónde vienen las guerras y los pleitos entre vosotros? ¿No es de vuestras pasiones, las cuales combaten en vuestros miembros? Codiciáis, y no tenéis; matáis y ardéis de envidia, y no podéis alcanzar; combatís y lucháis, pero no tenéis lo que deseáis" (Santiago 4:1-2).

Jason y Gina llevan casi dos años juntos, pero su falta de comunicación está comenzando a crear tensión en la relación. "Ella dice que no hablo lo suficiente", dice Jason. "Pero no puedo cambiar quien soy. No soy muy hablador".

Rob le ha dicho a Leslie que su sarcasmo constante le molesta, pero ella parece no poder parar. Los comentarios cortantes "se dejan escuchar sin provocación alguna". Ella ha intentado decirle a Rob que como su crianza se llevó a cabo en un ambiente donde abundaba el humor sarcástico, este es un aspecto inalterable de su personalidad.

¿Habrá esperanza alguna para personas como Jason y Leslie? Por supuesto que sí. Pero nunca podrán cambiar su forma de ser hasta que no comprendan que la fuente de sus problemas no radica en su crianza o personalidad; sino en sus propios corazones pecaminosos.

Nuestros labios sólo son mensajeros de lo que hay en nuestro corazón. Nuestras palabras fluyen de lo que hay en nuestro interior. No podemos desasociarnos de la manera en que nos comunicamos (o en el caso de Jason como *no* nos comunicamos). Aunque nuestra crianza y personalidad sí son factores que influyen, no podemos echarles la culpa por lo equivocado que hay en nosotros. Si nuestras palabras son egoístas, pecaminosas o indeseables, es porque nosotros *somos* egoístas, pecadores e indeseables.

Las buenas noticias para nosotros los "terrestres" son que Dios ha enviado a su Hijo para que invada nuestro planeta empapado de pecado para salvarnos. Y Cristo, no sólo ha venido a salvarnos para ir al cielo, sino también para que batallemos en contra del gobierno del pecado en nuestras vidas y en nuestras relaciones aquí en la tierra. Podemos experimentar un verdadero y perdurable cambio en nuestra comunicación, si nos disponemos a buscar la ayuda de Dios. No podemos cambiar a través de métodos fantasiosos. No podemos cambiar sólo con el poder de la voluntad. Pero, el Espíritu de Dios actuando en nosotros, nos puede ayudar a producir… "el querer como el hacer, por su buena voluntad" (Filipenses 2:13). Cuando invitamos al Espíritu Santo para que cambie nuestros corazones, nuestro hablar se caracterizará por el amor, gozo, paz, paciencia, benignidad, bondad, fe, mansedumbre y templanza" (ver Gálatas 5:22).

Así que, aunque para Jason no es ni cómodo ni fácil, él está aprendiendo a ver su falta de comunicación con Gina como una actitud del corazón que necesita cambiar. "Mi pastor me ha ayudado a ver que mi actitud era egoísta y despreocupada". Al atacar la raíz de su problema, el comportamiento de Jason ha comenzado a cambiar.

Lo mismo ha ocurrido con Leslie. En vez de concentrase en su comportamiento, y procurar suprimir los comentarios sarcásticos antes que salgan por su boca, ella le ha pedido a Dios que cambie su corazón; del cual fluyen dichos comentarios. "Dios me ha ayudado a reconocer que soy muy orgullosa", dice ella. "Me considero mejor que las demás personas. Y es por esta razón que critico y denigro a los demás. Posiblemente durante mi niñez, aprendí a ser sarcástica con aquellos que me rodeaban, pero definitivamente lo he convertido en mi propio pecado". Además de estudiar las enseñanzas bíblicas sobre la humildad, el hecho de confrontar y arrepentirse de su orgullo, ha ayudado a Leslie a lograr un cambio en su forma de comunicarse.

Principio #2: Tus oídos son tus herramientas de comunicación más importantes.

¿Por qué será que cuando pensamos en la comunicación, por lo general nos imaginamos a nosotros mismos hablando? La respuesta es bastante clara. Porque creemos que lo que tenemos que decir es sumamente importante, más importante que lo que las demás personas tienen que decirnos. Pero a menudo, lo mejor que podemos hacer con nuestros labios es mantenerlos sellados.

Recientemente, mi padre le dijo a mi hermano Isaac de cinco años de edad, que la razón por la cual Dios nos dio dos oídos y una boca es porque desea que escuchemos más, y hablemos menos. Isaac abrió sus ojos de par en par. Para él, este pequeño proverbio representaba la verdad más increíble que jamás hubiese escuchado.

Como resultado, constantemente se acerca a gente que no conoce y les pregunta: "¿Sabes por qué tienes dos oídos?"

Esta es una excelente pregunta para todos los que deseamos mejorar nuestra habilidad de comunicarnos. Necesitamos recordar que nuestros oídos son las herramientas más importantes en el arte de la comunicación.

¿Eres pronto para escuchar? Escuchar es una expresión de humildad y genuina preocupación por los demás. "No podrías imaginarte", dijo una chica, "cuántas cenas he pasado sentada con un hombre que no cesa de hablar, y que durante el postre me dice, 'siento que te conozco íntimamente.'" La comunicación auténtica implica preguntar y escuchar. Si en realidad deseamos conocer y comprender a otras personas, nos tiene que importar lo que sienten y piensan, y no suponer en forma arrogante que ya lo sabemos todo.

¿Sabes escuchar atentamente? ¿O simplemente esperas ansioso por la próxima oportunidad para comenzar a hablar? ¿Cuán a menudo interrumpes cuando otra persona está hablando, o terminas por ellos sus pensamientos? Si en tu relación de cortejo deseas tener una buena comunicación, debes aprender a escuchar. Cuando le hagas una pregunta a la otra persona, absorbe la respuesta. Presta atención no sólo a las palabras usadas, sino también a cómo fueron expresadas. Y haz preguntas de seguimiento relacionadas con el tema. Interésate más por sus opiniones e ideas, que por las tuyas.

La Biblia nos dice que el hombre necio se deleita en dar a conocer sus opiniones (Proverbios 18:2). No seas un necio. Escucha el doble de lo que hablas.

Principio #3: La buena comunicación no es resultado de un accidente.

En la iglesia de Don y Susan, un lema favorito entre los jóvenes era: "Después de veinticuatro". En otras palabras, las parejas debían de compartir juntos por lo menos veinticuatro meses, antes de comprometerse. La idea era desanimar todo intento de apresurarse hacia una relación matrimonial poco aconsejable. El problema con este pequeño lema es que si dos personas no están arduamente trabajando en perfeccionar sus destrezas de comunicación, ninguna cantidad de tiempo les podrá asegurar que en verdad se conocen.

Don y Susan se casaron después de dos años de relación, para descubrir cuán poca había sido la comunicación entre ambos antes de casarse. "Para nosotros, el matrimonio representó un duro llamado a enfrentar la realidad", dice Don. "En realidad, no nos conocíamos tan bien como creíamos, debido a que nuestra comunicación se había llevado a cabo a un nivel muy superficial".

Susan estaba de acuerdo. "Antes del matrimonio ambos desarrollamos muchos malos hábitos", dice ella. "Nuestra relación de cortejo estuvo mayormente enfocada en actividades divertidas. Casi nunca hablamos sobre nuestros sentimientos o creencias. Nuestra relación física nos hizo sentir más intimidad de la que en realidad teníamos. Cuando enfrentábamos algún conflicto, siempre procuramos lidiar con él lo antes posible, aun cuando esto significaba dejar algunas cosas sin resolver".

No apresurarse durante la relación de cortejo es sabio. Pero uno tampoco debe suponer que un cortejo largo significa que existe buena comunicación entre ambos. Tienen que desarrollar una actitud intencional al respecto. La comunicación no es algo que sucede por sí sola. Es algo que tenemos que planificar y en lo cual esforzarnos.

Nosotros los hombres, deberíamos asumir la responsabilidad de iniciar una comunicación significativa en nuestras relaciones. No planees actividades solamente; planea también las conversaciones. Antes de compartir juntos, medita en algunas preguntas que quisieras hacerle a ella. ¿Qué deseas descubrir? ¡Sé curioso!

Cuando Shannon y yo comenzamos nuestra relación, yo tenía mil y una preguntas por hacerle. Deseaba conocer todo sobre esta chica. ¿Qué cosas le gustaban? ¿Qué cosas odiaba? ¿Qué la hacía reír? ¿Qué le causaba tristeza? ¿Qué canciones entonaba cuando nadie estaba presente? ¿Qué le gustaba ordenar en un restaurante italiano? ¿Le gustaba comer sushi?

Como no quería abrumarla con tantas preguntas, tuve que ir al paso y esparcir mis preguntas. Yo siempre estaba inventando maneras creativas de provocar la conversación entre los dos. En cierta ocasión, compré un libro titulado *"El libro sobre mí mismo: creando mi autobiografía"*. En el libro había 201 preguntas diseñadas para ayudar al individuo a escribir la historia de su vida. Usando un marcador negro, le cambié el título a: *"El libro de Shannon... Como le fue relatado a Joshua"*. Cargué con el libro en algunas de nuestras citas, y entrevisté a Shannon. "¿Cuál era una de las características de tu madre que admirabas?" Le pregunté. O, "¿Quién fue la persona de mayor influencia durante tu niñez?" Hacer que Shannon respondiera estas preguntas, me permitió conocer cada vez más sobre ella.

Cuando vayan a planificar sus citas, procuren dedicar períodos de tiempo extendido al diálogo. Recuerden que pueden ser intencionales y casuales a la misma vez. No es saludable que la otra persona se sienta interrogada o presionada por tus preguntas. No seas exigente. No limites la comunicación al cambiar abruptamente a un "período de diálogo". La comunicación no debe ser formal, ni forzada, debe ser un aspecto natural que dentro de la relación va entretejiéndose a lo largo del tiempo que inviertan juntos.

Principio #4: La ausencia de conflicto no implica que existe buena comunicación.
"Mi novio y yo tenemos una relación perfecta", escuché a una chica decirle a su amiga. "Nunca hemos tenido una sola pelea".

Hice una mueca de dolor ante la falta de comprensión por parte de la chica sobre lo que significaba tener una buena relación. Una viuda que conozco, reconoció que la ausencia de conflicto en su matrimonio de cuarenta años, no había sido necesariamente una buena señal. "Yo solía jactarme ante mis amigas por lo bien que mi esposo y yo nos llevábamos", dijo ella. "Pero ahora, puedo ver que parte de la razón por la cual nos llevábamos tan bien, era porque nunca peleábamos, y la razón por la cual nunca peleábamos, era porque en realidad nunca dialogábamos".

Nuestra meta no debe ser evitar todo conflicto, sino aprender a lidiar con el mismo y resolverlo de una manera que honre a Dios. En su libro *Love That Lasts* (El amor que perdura), Gary y Betsy Ricucci comparten diez consejos sobre la comunicación, los cuales pueden ayudarte cuando estés experimentando conflicto en tu relación.

1. Aprende a expresar tus sentimientos y frustraciones honestamente, pero sin acusar o atacar a la otra persona (Proverbios 11:9).

2. Escoge palabras, expresiones y un tono de voz que sea suave y apacible. No uses lenguaje que fácilmente pueda ofender o provocar una discusión (Proverbios 15:1).

3. No exageres, distorsiones, o estires la verdad. Evita palabras extremas como *nunca* y *siempre* (Efesios 4:25).

4. Comparte ejemplos actuales y específicos. De ser necesario, anótalos antes de comunicarlos. Evita las generalizaciones.

5. Decide buscar soluciones en vez de sólo dar a conocer tus quejas. La meta no es vengarte; la idea es resolver los problemas (Romanos 12:17-21).

6. Escucha lo que la otra persona dice, siente y necesita. Procura detectar sus verdaderas preocupaciones (Santiago 1:19).

7. Rehúsa dar rienda suelta a rencores, ira, renuncias o argumentos. Aunque estas emociones son normales, dar rienda suelta a las mismas, es pecado (Efesios 4:26).

8. No vaciles en reconocer tus propios errores, y sé pronto en perdonar. Asegúrate de no albergar resentimientos (Lucas 17:3-4).

9. Continúen dialogando y haciendo preguntas hasta que ambos entiendan con claridad lo que el otro dice y siente. No se desanimen en la búsqueda de una solución (Romanos 14:19).

10. Entrena tu boca y tu corazón hasta que puedas decir lo correcto, en el tiempo correcto y por las razones correctas!

Recuerda que el conflicto no es necesariamente algo malo. Y no te sorprendas si lo experimentas. Es una señal de que realmente están comenzando a conocerse mutuamente. No le huyan al conflicto; sino, pídanle a Dios que les ayude a resolverlo en espíritu de humildad y amor.

Principio #5: El motivo es más importante que la técnica.
Finalmente, recuerda que es muy importante tener un motivo piadoso para nuestra comunicación. Antes de preocuparnos por los métodos o las técnicas, necesitamos estar seguros de que el motivo de nuestro corazón es agradable ante Dios. Él desea que nuestro motivo sea, el amor sincero y servir a los demás: edificar, alentar, y ser de beneficio. "Ninguna palabra corrompida salga de vuestra boca", escribió Pablo, "sino la que sea buena para la necesaria edificación, a fin de dar gracia a los oyentes" (Efesios 4:29).

Muchos libros prometen ayuda para comunicarte; de tal manera que puedas lograr lo que deseas. Este medio convierte las palabras en armas que pueden ser usadas para promover nuestros propios deseos egoístas; la Biblia nos dice que este tipo de comunicación no tiene valor alguno. Pablo lo expresó de la siguiente manera: "Si yo hablase lenguas humanas y angélicas, y no tengo amor, vengo a ser como metal que resuena, o címbalo que retiñe" (1 Corintios 13:1). La elocuencia celestial es insignificante, si la misma carece del primordial motivo del amor, hacia Dios y hacia el prójimo.

Un motivo piadoso, cambia radicalmente *cómo* y *qué* comunicamos durante el cortejo. En vez de usar palabras que nos complacen a nosotros mismos, las usamos para glorificar a Dios y consideramos los intereses del otro primero.

Todavía necesitas proteger

En el capítulo 5 vimos cómo el cortejo es una temporada en la cual somos "más que amigos, pero algo menos que novios", un período en el cual necesitamos cultivar nuestra relación y a la vez proteger los sentimientos del otro, ya que no sabemos con certeza si nos vamos a casar.

Estarás protegiendo el corazón del otro, al no prometer o dar por sentado que existe un nivel de confianza y compromiso más profundo en la relación, del que en realidad existe. En su relación de cortejo con Brittany, Kyle reconoció que hasta que él no estuviera listo para proponer matrimonio, debía abstenerse de hablar sobre "el futuro" como si ambos fueran a estar juntos en el mismo. "No es justo para Brittany que yo diga 'Oh, no sería fantástico si algún día llegásemos a tener una casa como esa', o, 'Un día de estos en el futuro haremos esto o aquello'. Sería mucho más difícil para ella concentrarse en la etapa en que nos encontramos en el presente en nuestra relación".

La comunicación clara no es igual a la intimidad prematura o inapropiada. Durante su relación de cortejo con Ginger, mi amigo Chuck inició lo que llamó: "exámenes del corazón". Esto no era otra cosa sino conversaciones en las cuales él y Ginger dialogaban sobre sus expectativas y preocupaciones, y sobre su nivel de fe dentro de la relación. Como Chuck era el que "casaba" a la chica, él estaba consciente de que era responsable de compartir sinceramente sus sentimientos, para que Ginger pudiese tener algo a lo cual responder. Esto le ayudó a ella a proteger su corazón, y evitó que emocionalmente se adelantara a Chuck.

Debemos tener cuidado de que las palabras que decimos y *cómo* las decimos, no comuniquen más de lo que en realidad queremos decir. Alguien dijo en cierta ocasión: "No escribas con tu boca un cheque, que con tu cuerpo no puedas cobrar". En otras palabras: "No prometas más de lo que puedas cumplir con tus acciones".

La relación entre Donna y Bill terminó, pero ella está agradecida por la manera en que él la protegió al cuidar sus palabras. "Si él percibía que una conversación estaba tomando el rumbo hacia un tema no saludable o prematuro, él se aseguraba de cambiar el curso de la conversación", dijo Donna. "En una o dos ocasiones él se acercó a mí después que dialogamos y se excusó por algo que había dicho, que de acuerdo a él, no era beneficioso para mí. Al momento, yo pensé que no era nada serio, pero ahora reconozco que ayudó a protegerme de la esperanza prematura de casarnos".

Al ir profundizando la relación, y aumente la confianza en un futuro matrimonio, ambos van a querer comenzar a dialogar sobre temas relacionados con el matrimonio. (En los capítulos 10 y 11 examinaremos algunas de estas preguntas.) Pero no nos adelantemos. Aún tienes que proteger.

Sé valiente

La Biblia nos dice: "Besados serán los labios del que responde palabras rectas" (Proverbios 24:26 RV60). Supongo que esto nos da una idea de cuán buena puede llegar a ser una comunicación genuina. La misma requiere mucho trabajo, pero definitivamente vale la pena.

Al leer este capítulo, quizá llegaste a la conclusión de que le temes a la comunicación que es honesta y genuina. No hay nada malo en admitirlo. Es un riesgo permitir que otros vean quién uno es en realidad. ¿Qué pasaría si no les gusta lo que ven? ¿Y, qué tal si como resultado, terminan la relación?

Quiero animarte a que deposites toda tu confianza en lo que Dios está haciendo. Él está obrando en tu relación. No tienes que ser dominado por el temor de lo que otra persona piense sobre ti.

Es muy posible que la comunicación honesta, los lleve a ambos a concluir que su relación no debe resultar en el matrimonio. Pensar en ello podría ser causa de dolor, pero piensa en cuál sería la alternativa. ¿Desearías que una persona con la que estás en una relación de cortejo se enamore de algo que no eres? ¿Estarías verdaderamente honrando a Dios o amando a la otra persona si mientes sobre quién eres, o escondes tus verdaderas opiniones y sentimientos? Imagínate una posibilidad mucho mejor; que al confiar en Dios y entablar una buena comunicación, la persona con la que estás involucrado se enamore del verdadero tú.

No puedes amar lo que no conoces. No podrás ser verdaderamente amado si no te conocen como eres en realidad. Y la única manera de conocer y ser conocido por otra persona, es a través de la comunicación abierta, honesta, sincera, y humilde. Así que, sé valiente. Ya sabemos lo que tenemos que hacer con nuestros oídos, con nuestros corazones y con nuestros labios.

Capítulo siete

¿Si los chicos llegasen a ser caballeros, llegarían las chicas a ser damas?

Cómo vivir de acuerdo con el papel de hombre y mujer establecido por Dios

Recientemente encontré un libro titulado *"Guía de seducción para el hombre pasivo"*. No lo recomiendo. La premisa básica del libro es que hoy día, las mujeres desean ser las "agresivas" en las relaciones; quieren tomar las decisiones y ser las que tienen la última palabra. De hecho, quieren "ser hombres". Y por lo tanto, la manera más efectiva de seducir a una mujer es que el hombre se cruce de brazos, sea pasivo, y deje que ella tome completo control de todo.

Qué romántico.

Esta visión pasiva de la masculinidad es sólo un ejemplo de la presente confusión sobre el papel de los sexos en el romance y el cortejo. Y no es sólo un asunto secular. Entre los creyentes también existe tal confusión.

Mi amigo Mike se quedó muy sorprendido cuando una mujer cristiana a la que conoce, le propuso matrimonio. "Tú sabes que yo me casaría contigo", le dijo ella un día.

"¿Quieres casarte?", preguntó ella. "Y no te preocupes por nada. Estoy dispuesta a comprar los anillos".

Mike sacudió la cabeza aún pasmado mientras relataba la historia otra vez. "¡Y ella hablaba en serio!", dijo él. "No se supone que las mujeres hagan eso. ¿O, sí?"

Lo cierto es que no estamos seguros respecto a cómo debemos comportarnos. Los hombres no saben lo que significa ser hombre, y, por haraganería hacemos lo que sea más fácil. Las mujeres no saben lo que significa ser mujer, por lo tanto, terminan actuando como los hombres. Relacionarse con el sexo opuesto puede llegar a ser algo confuso, especialmente cuando no sabes qué es lo opuesto.

Una pregunta sincera

Hasta el momento hemos estado hablando sobre cómo un hombre y una mujer que van camino al matrimonio, pueden honrar a Dios. Pero antes de proceder con nuestra charla sobre el cortejo, necesitamos batallar con la difícil pregunta de qué significa ser hombre, y qué significa ser mujer. ¿Qué tenía Dios en mente cuando creó ambos sexos? ¿Cuál es su plan? ¿Y, cómo sus propósitos para el sexo masculino y femenino nos van a informar sobre la manera de relacionarnos durante una relación de cortejo?

El título de este capítulo es una pregunta muy sincera: ¿si los chicos llegasen a ser caballeros, llegarían las chicas a ser damas? En otras palabras, ¿estamos dispuestos a subirnos en la balanza de Dios, y medirnos de acuerdo a Su definición de lo que es la masculinidad y la feminidad maduras? Durante el cortejo, hay muy pocas cosas tan importantes como esta. Antes que podamos glorificar a Dios en nuestras relaciones de pareja, tenemos que entender y vivir de acuerdo a los papeles únicos que Dios nos ha asignado a los hombres y a las mujeres.

Actores en rebelión

Para muchas personas, la idea de que un Creador asigne papeles es ofensiva. No desean que ninguna persona, religión, o Dios, les diga cómo deben expresar su hombría o feminidad. Estos rechazan la idea de papeles establecidos y asignados por Dios, y hacen todo lo que esté a su alcance para erradicar toda distinción de los sexos.

Hoy día, el estado de la sexualidad humana es semejante a un drama en el cual los actores se han rebelado en contra del dramaturgo y su historia. Imagínense tal caos. Los actores lo odian. Rechazan sus papeles y se mofan del guión. Y, para demostrar su descontento, algunos hasta rehúsan leer sus líneas. Otros actores intercambian sus papeles y disfraces para confundir la trama. E incluso otros, leen sus líneas fuera de lugar y con mala pronunciación, y las mezclan con obscenidades.

Este es un panorama de la generación perversa y malvada en la que los creyentes han sido llamados a brillar como estrellas (Filipenses 2:15). Es la generación del "transgénero", en la cual los hombres actúan como mujeres y las mujeres actúan como hombres. Y es en medio de este caos, donde Dios desea que sus hijos sean fieles a los papeles que Él nos ha asignado, aun cuando la mayoría de la humanidad los haya abandonado.

De igual manera que un dramaturgo escribe un drama, la historia de la humanidad ha sido escrita por Dios. La Biblia enseña que nuestros papeles como hombres y mujeres, forman parte de la hermosa historia que Dios está relatando.

Como Dios nos creó a Su imagen, nosotros reflejamos algo de quién Él es (Génesis 1:27). Por lo tanto, ser fiel a la definición de Dios respecto a la masculinidad y feminidad, es ser fiel a Él. Cada escena en la que participamos —poniendo en práctica la masculinidad y feminidad bíblica como solteros; en la amistad con el sexo opuesto, durante el cortejo, en el matrimonio— son oportunidades para honrar al Dramaturgo. De hecho, la Biblia dice que la unión matrimonial entre un hombre y una mujer apunta hacia una culminante escena final, cuando Cristo regresa por Su iglesia, la novia por la cual murió (Efesios 5:31).

Esta es la razón por la cual nuestro papel como hombre y mujer es importante. Es por esta razón que aceptamos y vivimos de acuerdo con las diferencias establecidas por Dios, y por qué nunca queremos perderlas. Dios nos creó hombre y mujer, con el fin de relatar una historia, la cual es demasiado maravillosa para entenderla a plenitud. Él ha creado la diferencia entre ambos sexos para reflejar una realidad que existió antes de nosotros. Cumplir en cada escena de nuestras vidas con el guión escrito por Dios para nuestra sexualidad, significa que estamos presentando la verdad, y relatando fielmente Su historia. Y al hacerlo, experimentamos la plenitud de vida que Dios desea que nosotros tengamos como hombres y mujeres. Su plan nos permite experimentar gozo y plena satisfacción.

Los papeles asignados en el Edén

¿Qué nos dice Dios entonces sobre lo que significa ser hombre o mujer? Para el cristiano en busca de una respuesta, la primera parada se encuentra en el relato de Génesis, cuando Dios creó al primer hombre y a la primera mujer. En la historia divina, esta es la primera escena.

Jesús nos mostró que el relato de Génesis debe ser el fundamento de nuestra perspectiva sobre la verdadera masculinidad y feminidad. Cuando le preguntaron sobre el matrimonio, él llevó a sus interrogadores a considerar el diseño original establecido por Dios: "¿No habéis leído que el (Creador) que los hizo al principio, varón y hembra los creó?" (Mateo 19:4). Pablo también hizo lo mismo. Cuando le escribió a la iglesia en Éfeso, sobre cómo debían relacionarse entre sí el esposo y la esposa, refirió a sus lectores a la intención original de Dios, la cual reveló antes que el pecado entró al mundo (Efesios 5:31).

De los primeros dos capítulos de la Biblia, aprendemos que Adán y Eva fueron creados iguales ante los ojos de Dios. En nuestra cultura chauvinista, en la que a menudo se denigra y se abusa de las mujeres, es necesario señalar este hecho. Dios creó a la mujer igual que el hombre, en humanidad, dignidad y valor. La mujer no es menos importante ni de menos valor ante Dios.

Dentro del contexto de la igualdad, Dios le asignó al hombre y a la mujer diferentes papeles. Creó primero a Adán, señalando de este modo su papel único como líder e iniciador. Y de Adán, creó a Eva, y se la trajo a Adán para que le ayudara en las tareas que Dios le había asignado. Ella fue creada para complementar, cuidar y ayudar a su esposo. El mayor regalo que le hizo Dios a Adán fue "ayuda idónea para él" (Génesis 2:18). Esto no minimiza el papel de la mujer, sino que lo define.

El hombre y la mujer fueron creados iguales, pero a la vez diferentes. Y el hecho de que somos diferentes es algo maravilloso. El mundo sería muy aburrido si el sexo opuesto no fuese tan misterioso e intrigante, y a veces, ¡tan enloquecedoramente diferente de nosotros!

Dios no nos creó para duplicarnos mutuamente, sino para que nos sirvamos de complemento. El punto principal no es que Adán era mejor que Eva; de igual manera que Dios el Padre no es "mejor" que Dios el Hijo. Padre e Hijo son iguales en esencia, poder, gloria y valor, pero ambos, ejercen diferentes funciones; y el Hijo se somete gozosamente a la voluntad del Padre (1 Corintios 15:28). En un matrimonio, el esposo y la esposa son iguales, aun cuando la Escritura le dice a la esposa que se someta gozosamente al liderazgo de su esposo.

En su comentario sobre el libro de Génesis, Matthew Henry lo explica de una manera maravillosa: "Eva no fue tomada de la cabeza de Adán para que lo supere, ni tampoco fue tomada de sus pies para ser atropellada por él, sino que fue tomada de su costado para ser su igual, debajo de su brazo para ser protegida por él, y cerca de su corazón para ser amada por él".

En Efesios 5:21-33, Pablo dice que el liderazgo del esposo no debe ser ni tiránico ni cruel, sino suave y amoroso. Los hombres han sido llamados a amar a sus esposas sacrificada y desinteresadamente, así como Jesús amó a la iglesia. A las esposas se les instruye que obedezcan a sus esposos tal y como la iglesia obedece a Cristo. Tal sujeción no debe ser irracional o con tristeza, sino una participación activa en respuesta a un liderazgo amoroso.

Hermano y hermana antes de esposo y esposa

¿Sabes una cosa? No tienes por qué esperar hasta el matrimonio para participar en la hermosa armonía del plan de Dios para los sexos. El matrimonio no te convierte en hombre o mujer; ya lo eres. Y Dios desea que ahora mismo practiques la masculinidad y feminidad maduras.

En 1 Timoteo 5:2, Pablo le dice al soltero Timoteo que trate a las mujeres más jovencitas "como a hermanas, con toda pureza". Fíjate que no le dice a Timoteo que trate a las mujeres más jovencitas como trata a "los muchachos". Timoteo debía expresar su masculinidad hacia las mujeres de una manera única: Tenía que considerarlas como sus propias hermanas.

Lo que esto nos enseña es que nuestros papeles como hombre y mujer son importantes a *lo largo* de nuestras vidas. Antes de llegar a ser esposos y esposas, primero somos hermanos y hermanas en Cristo, que practican juntos la definición de Dios respecto a la masculinidad y feminidad. Caballeros, podemos practicar un estilo de liderazgo tierno y caracterizado por el servicio, *ahora mismo*. Queridas damas, ustedes pueden poner en práctica responder en apoyo al liderazgo de hombres piadosos en sus vidas, *hoy*.

El uno al lado del otro, podemos ir madurando hasta convertirnos en los hombres y mujeres piadosos que Dios desea que seamos.

Seamos hombres

Primero quiero hablarles a los hombres. Caballeros, tenemos mucho trabajo por delante y debemos enfrentarlo con seriedad. ¿Por qué estamos involucrados en una relación con una chica, cuando aún no hemos averiguado lo que significa ser hombre? Por amor a las mujeres en nuestra vida, nuestras esposas y por amor a Dios, tenemos que definirnos en esta área.

Elisabeth Elliot, una mujer que respeto grandemente, le escribió lo siguiente a su sobrino Pete: "El mundo pide a gritos hombres fuertes, de convicciones fuertes, liderazgo firme, que estén dispuestos a pararse firmes y pagar el precio del sufrimiento. Oro que llegues a ser ese tipo de hombre, contento de que Dios te haya hecho hombre, contento de llevar sobre tus hombros la carga de la hombría, en tiempos cuando hacerlo, a menudo trae desprecio".

Yo quiero ser ese tipo de hombre. Todavía me falta mucho. Mis fracasos son más abundantes que mis éxitos. Dejo que el pecado, los temores y la haraganería me venzan. Pero deseo cambiar. Sé que Dios me hizo hombre por una razón. Y no importa lo que diga la cultura, o lo que digan algunas mujeres, quiero llevar con gozo sobre mis hombros "la carga de la hombría".

Este no es el camino más fácil. Anteriormente hice mención de un libro que hace un llamado a los hombres a ejercer un papel pasivo en sus relaciones. De acuerdo al autor, la única alternativa que existe ante la actitud pasiva es ser agresivo y dominante. Tristemente, estos son los dos caminos por los que muchos hombres andan. Pero Dios quiere que rechacemos ambos. La masculinidad bíblica ni es pasiva, ni ofensivamente agresiva. Dios nos extiende un llamado a ser siervos iniciadores, firmes, pero amables; masculinos, pero cariñosos; líderes, pero siervos. Hemos sido llamados a ser protectores, y no seductores.

A continuación, cuatro maneras prácticas de ejercer estas cualidades en tu relación con las mujeres.

1. Asume la responsabilidad de liderar e iniciar en tus relaciones con las mujeres.
Liderar es una forma de servir. Cuando provees dirección, sugieres ideas e inicias conversaciones o actividades, estás sirviendo a tus hermanas.

Esto no significa que trates a las mujeres como si fueses su esposo y el que la dirige a tomar decisiones importantes en sus vidas. Aun durante la temporada de cortejo, esta no es la posición que debes ocupar. Hasta que te conviertas en el esposo de una mujer, ella no está en ninguna obligación de someterse a tu liderazgo. Si ella tiene un padre que es creyente, tal protección y cuidado debe proceder de él. Pero aunque es cierto que no debes cruzar ciertos límites, sí puedes servirle a una mujer (y ganarte su confianza para el futuro) al liderar e iniciar en cosas y maneras pequeñas.

Por ejemplo, puedes servir a tus hermanas al ser la persona con quien planifican ciertos horarios juntos. Esto se aplica a una relación de cortejo, así como a una relación de amistad con mujeres. Dos amigos míos solteros, Jacob y Ryan, frecuentemente planifican actividades juntos en su departamento. Ellos organizan las actividades e invitan a otros chicos y chicas para que participen.

Una mujer me dijo que era una tremenda carga para ella cuando sus amigos varones se sentaban a esperar que las mujeres planificaran todo. "A mí no me gusta cuando un hombre se sienta y pregunta: '¿Y entonces qué deseas hacer?'", dijo ella. "¡Yo quiero que sean ellos los que tomen las decisiones!"

El mismo principio se aplica al cortejo. ¿Eres tú quien inicia las conversaciones? ¿Planificas las citas cuidadosamente? ¿Te adelantas a pensar en el futuro y planificas el curso de la relación de cortejo? Tus responsabilidades son asegurarte de que la misma continúe creciendo a un paso saludable. Es tu responsabilidad asegurarte de que ambos estén protegiendo sus corazones.

Como puedes ver, el estilo de liderazgo como siervo, requiere mucho trabajo. Implica sacrificio. Significa que te arriesgas a proponer ideas, establecer dirección e invitar a otros para que te sigan. Significa prestar atención, y tomar bajo consideración los intereses y necesidades de los demás, y hacer los ajustes necesarios. Significa ceder ante otros cuando sea necesario. El liderazgo no es una tiranía; es un servicio prestado. Es difícil, pero es un aspecto importante de lo que significa ser un hombre.

2. Sé un líder espiritual en tus relaciones con las mujeres.

Caballeros, debemos ser nosotros los que marcamos el paso espiritual en nuestras relaciones con mujeres.

Debemos estar seguros de que nuestras relaciones no están orientadas meramente hacia el entretenimiento y la superficialidad, sino en un profundo enfoque en Dios, caracterizado por un compañerismo bíblico.

El primer paso importante es hacer una prioridad de tu propio crecimiento en piedad. No estés contento con un nivel espiritual tibio, esfuérzate por ser ejemplo de una viva pasión por Dios.

Mi amigo Joseph marcó un excelente ejemplo en esta área. Cuando se encuentra entre un grupo de amigos, en algún momento durante la conversación, él hace una pregunta como: "¿Y qué te pareció el sermón del domingo?" o "¿Puedo compartir con ustedes lo que Dios me ha estado enseñando?" o "¿En qué área de tu vida te está ayudando Dios a crecer?"

¿Sabes lo que Joseph está haciendo? Él está iniciando un compañerismo bíblico. Está haciendo preguntas que le ayudan a él y a sus amigos a compartir la nueva vida que tiene por causa de Jesús. Él los está guiando a dialogar sobre la realidad de Dios en sus vidas.

Joseph no es un orgulloso espiritual. Esa nunca debería ser nuestra motivación. Su meta es servir a sus amigos y enriquecer su propia vida. Él conoce cuán fácil es permitir que pase una noche completa sin tener una conversación seria, cuyo enfoque sea Dios. Él sabe que a través del compañerismo, él y sus amigos están experimentando una verdadera intimidad de amistad.

Caballeros, en el matrimonio, seremos llamados a ejercer el liderazgo espiritual en nuestro hogar. Antes del matrimonio, pongamos en práctica el liderazgo en un compañerismo bíblico con amigos y durante la relación de cortejo. Entonces, estaremos un poco más capacitados para hacer lo mismo con nuestras esposas e hijos.

3. En tu relación con las mujeres, procura hacer pequeñas cosas que comuniquen tu preocupación, respeto y deseo de protegerlas.
Esto no tiene por qué ser complicado. Simplemente decide ser un caballero con las mujeres en tu vida. La meta debe ser, mostrar a través de tus acciones que su posición y estado como mujer es noble.

Demuéstrales en diversas formas tu preocupación y respeto. Puedes hacer esto por medio de pequeñas acciones: abre la puerta para ellas, ayúdalas a sentarse mientras sostienes su silla, acompáñalas a su auto al final de una velada. Si necesitas más consejos, consulta a varias mujeres cristianas. ¡Te asombrarás ante lo dispuestas que están de poder cooperar con tu educación!

Durante el cortejo, recuerda que no estás haciendo estas cosas sólo para impresionarlas o conquistar el corazón de una mujer. Haces tales cosas para glorificar a Dios. Lo haces para servir a tu hermana en Cristo, y para honrarla como mujer que es.

Y para las mujeres, un breve consejo: Si sólo eres amiga de un hombre, y él está procurando tratarte como a una dama, no supongas que está románticamente interesado en ti. Una de las maneras más rápidas de descarrilar el intento de un hombre por practicar liderazgo de siervo, es precisamente interpretando que sus acciones tienen un fundamento romántico. Como dice mi amiga Jen: "Las chicas deben suponer que hasta que el chico no exprese interés, sólo son amigos".

4. Crea estímulo en las mujeres para que practiquen la feminidad piadosa.
Identifica maneras de estimular a tus hermanas a practicar la feminidad piadosa. Cuando te permitan ejercer el liderazgo, agradéceles. Cuando sean humildes y bondadosas, anímalas. La feminidad no es debilidad. La misma requiere gran fortaleza de carácter para ser apacible, en una época que demanda de ella lo contrario.

Cuando observes a una mujer que en contra de la cultura está cultivando destrezas que algún día le han de ayudar en su vida familiar, felicítala. Cuando veas una chica que se esmera en continuar con su exigente carrera, sin dejar de ser femenina, hazle saber que lo has notado. Hazle saber que la respetas.

Nosotros los hombres, deberíamos ser los primeros en estimular a aquellas mujeres que se esmeran en glorificar a Dios al practicar la feminidad piadosa y orar fervientemente por ellas.

Un reto a las chicas: sean mujeres piadosas

Chicas, espero que no hayan dejado de leer el libro. Sé que hay partes de este capítulo que te han hecho rechinar los dientes. "¿Que las mujeres deben responder al liderazgo piadoso de los hombres? ¡Por favor!"

Creo que puedo entender cómo se podrían estar sintiendo. Estoy seguro de que pueden pensar en varias formas cómo estos principios bíblicos han sido mal usados y erróneamente aplicados por hombres dominantes y chauvinistas. Siento mucho que tal cosa haya sucedido. Pero, sepan por favor, que hoy día, hay muchos hombres dispuestos a invertir sus vidas probando que esa no es la manera de ejercer la masculinidad bíblica.

No se den por vencidas en cuanto a nosotros se refiere. Necesitamos su apoyo y sus oraciones. Necesitamos que fijen sus ojos en Dios, no en los hombres que han tergiversado Su plan, y vivan sus vidas en respuesta a Sus mandamientos para ustedes como mujeres.

A continuación, encontrarán cuatro maneras de ser hermanas con los hombres que hay en sus vidas, y practicar la feminidad madura.

1. En tu relación con hombres piadosos, estimúlalos y permíteles ejercer un liderazgo de servicio.
Si la mayor tentación de un hombre es ser pasivo, la mayor tentación de una mujer es tomar el control. Si el hombre no está marcando un curso, la mujer agarra el volante. Puede ser que esto arregle las cosas a corto plazo, pero a la larga, sólo sirve para desanimar al hombre y es un impedimento para que ejerza el papel de iniciador que Dios le ha asignado.

Tú puedes estimular al hombre para que sea hombre, rehusando hacer la tarea de dirigirlos. Lo que quieres evitar es desarrollar el *hábito* de ser la iniciadora en tus relaciones con los hombres. Esto no significa que nunca lo hagas, sino que este no debe ser el patrón normal en tu vida. Ni tampoco significa que de soltera, tienes que someterte a cada hombre que conozcas. Dios le pide a la mujer que se someta a su marido. Pero una mujer soltera puede con hombres cuyo carácter lo amerita, estimular su liderazgo de servicio y responder a su iniciativa.

Así que, si estás involucrada en una relación de cortejo, permite que él ejerza su liderazgo. Da un paso hacia atrás y permite que él asuma la debida responsabilidad. ¿De qué otra forma aprenderá a ser líder? ¿De qué otra forma podrás practicar para el momento cuando tengas esposo?

Silvia, una chica mayor de treinta años de edad, me ofreció un ejemplo de cómo las mujeres pueden dejar que los hombres lideren. "Nosotras las mujeres podemos llenar con bastante rapidez cualquier espacio de silencio en una conversación", dijo ella. "Pensamos, '¡Oh, no, él no está hablando! Tengo que decir algo'. Pero pienso que es importante permitir que transcurran momentos de incómodo silencio para que los hombres puedan tomar el mando y liderar en la conversación".

¿Quieres algunos ejemplos? No planifiquen juntos sus salidas como pareja. No te apresures a ser la que "aclara" el estado de la relación: "¿Cuál es nuestro estado?" Y de ser posible, que sea él quien lo haga.

Y, finalmente, sé paciente. La mayoría de los hombres somos bastante nuevos en este asunto. Por lo general, no somos tan diestros como ustedes a la hora de expresar nuestros sentimientos. Para muchos de nosotros, el cortejo representa la primera vez que tenemos que liderar, comunicarnos y relacionarnos con una mujer a un nivel emocional. Necesitamos que no nos apresuren. Estoy muy agradecido que en mi relación de cortejo con Shannon, ella me permitió el tiempo para crecer en mis destrezas como líder. Cometí muchos errores. (¡Todavía los cometo!) A menudo me sentí inseguro. Pero ella nunca socavó mi papel, o intentó tomar el control. Ella buscó las formas de estimularme.

Con la ayuda de Dios, tú también puedes hacer lo mismo. Cuando es un hombre el que dirige, hazle saber que aprecias su esfuerzo. Y cuando él tome la iniciativa al conversar, en las actividades, en el compañerismo —en cualquier área— celebra su esfuerzo.

2. Sé una hermana con los hombres en tu vida.

¿Cuáles son las categorías que tienes para los hombres creyentes en tu vida: posible novio, posible esposo, sin posibilidad alguna? Te animo a que dejes a un lado estas categorías. La manera principal como debes considerar a un joven creyente, es como un hermano.

Sé una hermana con los hombres que hay en tu vida. Ora por ellos. Sé tú misma. No demuestres ser quien no eres. Sé una amiga.

Y recuerda, que estimular a los hombres a que lideren y tomen la iniciativa, no significa que las chicas nunca han de comenzar una conversación, o se les ocurran ideas para futuras actividades. Mi compañera de trabajo, Dawn, y sus tres compañeras de habitación, invitan a un grupo de jóvenes a cenar con ellas en su departamento cada dos semanas. Usan estas oportunidades para alcanzar nuevas personas que se unan al ministerio de solteros en su iglesia, y para desarrollar nuevas amistades. Dawn y sus compañeras están siendo hermanas con sus hermanos en el Señor.

3. Cultiven la actitud de que la maternidad es un llamado noble y satisfactorio.

Hoy día, son muchos los que desprecian la maternidad, y todas las destrezas asociadas con el manejo de un hogar. En nuestra cultura se percibe a los hijos como una incomodidad, y se considera la maternidad como un desperdicio de los talentos de una mujer. Un asesor universitario me dijo en cierta ocasión, que la mayoría de las estudiantes a las que asesoraba, secretamente anhelaban casarse y tener hijos; pero sentían demasiada vergüenza en admitirlo. ¡Qué gran tragedia!

Por favor, no crean las mentiras de nuestra cultura sobre la maternidad. Si Dios ha depositado tal deseo en tu corazón, no te avergüences del mismo. La Biblia estimula a las mujeres más jóvenes a que aprendan destrezas caseras de las mujeres más maduras. Aprender a mantener un hogar y amar a su esposo e hijos, es parte del plan de Dios para el entrenamiento completo de una mujer (ver Tito 2:3). No vaciles en aprender destrezas prácticas que algún día te permitirán servir a una familia. Identifica mujeres piadosas en tu congregación local, de las cuales puedas aprender.

Tú puedes poseer feminidad bíblica sin estar casada ni tener hijos. Como mujer soltera, puedes expresar tu feminidad al practicar la hospitalidad y al preocuparte y atender las necesidades de las personas que hay en tu vida. Pero también, puedes honrar el plan de Dios en tu vida respecto a lo que significa ser mujer, al afirmar que la maternidad es un llamado noble y supremo.

4. Cultiva en tu vida la piedad y la belleza interna.

En cierta ocasión, una jovencita me escribió para decirme cómo Dios había usado Proverbios 7:5 para traer convicción a su vida de que estaba actuando como la mujer ajena que arrastraba hombres. "No quiero ser una seductora como ella", escribió en su carta. "No quiero que la coquetería indebida y la vestimenta descarada impida que los chicos me vean como una hermana en Cristo".

Si quieres que hombres piadosos te respeten y te aprecien como mujer, entonces, rehúsa ceder a la obsesión de nuestra cultura por ser físicamente atractiva y sexualmente seductora. Esta es una actitud que emana de las motivaciones de tu corazón, y se extiende hacia cómo te vistes y actúas en presencia de los hombres.

¿Es tu vestimenta una expresión de amor hacia Dios? A menudo Shannon le dice a las mujeres: "Existe una gran diferencia entre vestir en forma atractiva y vestir para atraer". ¿Cuál es tu motivación? ¿Alguna vez le has preguntado a tu padre o alguna mujer cristiana que honestamente evalúe tu forma de vestir? ¿Estás dispuesta a sacrificar algo de la moda con tal de ser obediente a Dios?

Durante nuestra relación de cortejo, Shannon siempre me honró al actuar y vestir con moderación. En ocasiones eso significó deshacerse de ciertas vestimentas que ella pensó no representaban ningún problema. (Damas, ustedes nunca podrán saber cuán diferentes somos, hasta que estén casadas). En una ocasión, le dije que unos pantalones cortos le quedaban demasiado cortos, y me estaban creando problemas, y ella los reemplazó inmediatamente.

En la Biblia, Pedro les dice a las mujeres creyentes que su hermosura debe radicar en su ser interno, "el del corazón, en el incorruptible ornato de un espíritu afable y apacible, que es de grande estima delante de Dios" (1 Pedro 3:4). En su comentario sobre este versículo, John Stott escribe lo siguiente:

> "La iglesia debería ser un verdadero salón de belleza, porque estimula a sus mujeres miembros a adornarse con buenas obras. Las mujeres deben recordar que si la naturaleza las ha creado sin aparente atractivo, la gracia puede hacerlas hermosas, y si la naturaleza las ha creado hermosas, buenas obras pueden añadir a su hermosura".

La gracia te convertirá en una mujer hermosa, y atraerá hacia ti hombres verdaderamente piadosos. Haz de la piedad y la hermosura interna una prioridad en tu vida.

Un asunto de actitud

Al principio, hice mención de un escrito por Elisabet Elliot para los hombres. Permíteme compartir otra de sus citas para las damas. "Una verdadera mujer", dice ella, "entiende que el hombre fue creado para ser el iniciador, y basada en tal premisa, ella opera. Este es primordialmente un asunto de actitud. Estoy convencida de que la mujer que comprende y acepta con gozo la diferencia entre lo masculino y lo femenino, llegará a ser, sin pretensión o timidez, toda una dama".

Mi oración es que logres convertirte en este tipo de mujer, una mujer que usa sus dones, desarrolla su mente, y tiene pasión por Dios; y sin embargo, es, sin duda alguna, completamente femenina. Reconozco que esta actitud que Elisabet Elliot describe, va en contra de la corriente de nuestra cultura. De muchas maneras, a las mujeres hoy día se les anima a ser cualquier cosa, y todo lo que puedan soñar ser —excepto una dama delicada y femenina.

Pero por favor, no sigas el ejemplo de nuestra cultura. No bases tus sueños o la definición de lo que es el éxito en un mundo que ha rechazado a Dios. Al contrario, deja que sea la Palabra de Dios la que defina lo que es el éxito. Tu Padre, quien está en el cielo te creó mujer para Su Gloria. Encontrarás que Su plan es más hermoso que cualquier cosa que este mundo te pueda ofrecer.

Para Él y Su historia

Si eres como yo, entonces estás consciente de que desesperadamente necesitas la ayuda de Dios para llegar a ser lo que Él te ha llamado a ser como hombre o mujer. Es cierto. No podemos hacerlo en nuestra propia fuerza. Necesitamos de Su gracia.

Ser fieles a su plan va a requerir fe, mucha valentía, y estar constantemente conscientes de que Dios, y no tú, es el personaje principal en esta trama —la historia sobre la humanidad trata todo acerca de Él.

Dios es el centro del universo.

Él te creó para sí mismo.

Si eres hombre, Dios te creó hombre para Su gloria.

Si eres mujer, Dios te creó mujer para Su gloria.

A cada uno de ustedes, les dio una identidad sexual para que puedan expresar su masculinidad y feminidad para Él, a Su manera, y al hacerlo, señalar hacia Su grandeza y reflejar Su bondad.

Esto es lo que significa glorificar a Dios como hombre, o como mujer.

¿Si los chicos llegasen a ser caballeros, llegarían las chicas a ser damas?

Sólo podemos contestar esta pregunta, si juntos emprendemos la gran aventura de obedecer la Palabra de Dios.

Capítulo **ocho**

El cortejo es un proyecto comunitario

Cómo recibir dirección, apoyo y fuerzas
de parte de tu iglesia y familia

M e asomé por mi ventana y sonreí al ver un cielo sin nubes. No lloverá. Los amigos de Kerrin Russell y Megan Kauflin llevaban varios meses elevando peticiones al "departamento de meteorología celestial", para que el sol brillara durante este día. Sus oraciones fueron contestadas. Era la una de la tarde, una hora antes del comienzo de la ceremonia, y la temperatura estaba perfecta para celebrar una boda al aire libre.

Toda la mañana y la tarde, decenas de voluntarios trabajaron arduamente para que todo "quedara perfecto". Nos parecía que la mitad de los miembros de nuestra iglesia estaban involucrados en ayudar de alguna u otra manera. Si uno hubiese volado en avión por encima de la iglesia, los alrededores del templo darían la impresión de una montaña de hormigas después de haber sido perturbada con un palo por algún chico.

La gente corría por aquí, por allá y por todas partes. Las damas le dieron los toques finales a las decoraciones; un equipo de hombres probó el sistema de sonido; docenas de estudiantes de escuela superior preparaban los alimentos para la recepción, bajo la dirección del señor Drier.

El resultado de todo el arduo trabajo era asombroso. El amplio patio detrás de la iglesia, había sido transformado en un hermoso santuario, el techo era un cielo color azul brumoso; las paredes eran manos de las cuales colgaban banderas de color blanco puro, y ondeaban movidas por una suave brisa. Filas de blancas sillas perfectamente organizadas reflejaban la luz del sol, y brillaban en contraste con el intenso color de la verde hierba. Cada detalle, desde los arreglos florales hasta el *gazebo* (quiosco) donde Kerrin y Megan expresarían sus votos, poseía la calidad de un cuento de hadas.

Compartiendo el gozo

Las decoraciones estaban hermosas, y el tiempo estaba perfecto; pero cuando pienso en la boda de Keerin y Megan, creo que lo más maravilloso fue el admirable sentir de comunidad cristiana que resonaba en toda la actividad. En cada momento a lo largo del día, desde los preparativos iniciales hasta la ceremonia y recepción, todo el evento fue una gran celebración *compartida*.

El momento que mejor captó este sentir fue cuando Julie Kauflin, la madre de Megan y dama de honor, desfiló por el pasillo. Al fijarse en los rostros de los amigos que allí estaban congregados, sus ojos decían: "Gracias por estar aquí... gracias por estar a nuestro lado a través de los años... gracias por celebrar junto a nosotros". Y como respuesta, el mensaje que se dejaba ver en los rostros de los invitados era: "Nos regocijamos contigo... tu gozo es el nuestro".

Todos éramos mucho más que testigos... éramos participantes. Allí estábamos los amigos, maestros, abuelos, mentores, tíos, tías y pastores que en el pasado enseñamos, aconsejamos, lloramos, nos reímos y oramos por Kerrin y Megan desde su infancia hasta el presente. Ellos eran parte de nosotros, cada uno de nosotros llevaba consigo un pedacito especial de su historia. Y habíamos venido para marcar este momento en sus vidas, para compartirlo con ellos, y al hacerlo, multiplicar su gozo.

Nosotros estábamos celebrando no sólo el hecho que Kerrin y Megan serían por siempre el uno para el otro; sino que *nosotros*, los amigos y familiares congregados para ser testigos de su unión, les pertenecíamos a ellos, y ellos a nosotros. "*Así nosotros, siendo muchos, somos un cuerpo en Cristo*", escribió Pablo, "*y todos miembros los unos de los otros*" (Romanos 12:5 RV60). Por causa de Jesús, éramos una familia espiritual tan interconectada, que era casi imposible decir dónde comenzaba el gozo de los novios, y dónde terminaba el nuestro.

Capilla vacía

Aunque la mayoría de nosotros puede apreciar la importancia de la comunidad durante una boda, lo que deseo mostrarles en este capítulo es que así de importante es la comunidad durante la temporada de cortejo. Si la boda es un evento comunitario, la relación de cortejo debería ser un proyecto comunitario.

Lo que hizo que la boda de Kerrin y Megan fuese un día tan hermoso, fue que la misma, era la culminación de una relación que involucró a la iglesia en cada etapa. Su amistad floreció mientras servían junto a otros en el ministerio de jóvenes. Cuando Kerrin comenzó a interesarse en Megan, procuró el consejo de sus padres, del pastor y amigos íntimos; y antes de expresarle a ella sus sentimientos, se reunió con Bob, el padre de Megan, y solicitó su permiso para comenzar una relación de cortejo. Megan estuvo de acuerdo con el cortejo, pero sólo después de haber buscado el asesoramiento de sus padres y amigos íntimos de su iglesia. Durante su cortejo y subsiguiente compromiso, ambos les rindieron cuentas en todo momento a sus padres y pastores.

Kerrin y Megan no sólo invitaron a otras personas a compartir con ellos en el día de su boda. Mucho antes, ya los habían invitado a participar en su historia de amor. La salud y el éxito de su relación de cortejo y luego el matrimonio, estaban esencialmente ligados al apoyo, el amor y la fortaleza que recibieron de parte de su iglesia y familia. "Ningún hombre es una isla", escribió John Donne. Lo mismo podemos decir de un hombre y una mujer que están enamorados. Ninguna *pareja* es una isla. Una relación saludable no puede aislarse de la gente que la rodea.

Una relación de cortejo desprovista de comunidad, es como una ceremonia sin invitados. ¿Podrías imaginar tal cosa? Trata de visualizar una ceremonia en la que sólo el novio y la novia están presentes. No hay damas ni caballeros, ni padrino ni dama de honor, y tampoco está la niña que lleva las flores, ni un pastor que celebre la ceremonia. La capilla está vacía y en silencio. En el altar sólo se encuentra de pie el novio; y la novia desfila por el pasillo sin que nadie la acompañe. Ella viste un hermoso traje blanco, pero no hay quien lo admire, nadie que se ponga en pie mientras ella va pasando, y nadie que la entregue al novio.

¿Por qué hay algo tan profundamente perturbador con esta idea? ¡Porque celebrar una boda, sin que haya nadie presente con quien compartirla, no es una verdadera boda! Una boda es el intercambio de votos sagrados ante varios testigos. De la misma manera, una relación de cortejo es mucho más que un hombre y una mujer uniendo sus vidas para siempre. La misma, involucra a la familia física y espiritual a la que ambos están conectados: la comunidad de personas que atestiguan, apoyan, protegen y celebran su amor.

Lo que no es una comunidad

Quizá en este momento te estés rascando la cabeza o te suene extraño la idea de involucrar a la comunidad en las relaciones. Quizá tu experiencia en una comunidad de creyentes en nada se asemeja a esto. Comprendo cómo te sientes. Muchos de nosotros estamos acostumbrados a mantener a los demás fuera de nuestras vidas. Lo que espero que tomes en consideración, es que cuando hacemos esto, dejamos fuera de nuestra vida el gozo, la sabiduría y el estímulo que Dios desea experimentemos.

El lugar que ocupa la comunidad dentro del romance cristiano es bíblico y hermoso a la vez. Creo que al examinar con mayor detenimiento este tema, descubrirás que pertenecer a una comunidad, puede en la práctica aumentar el placer de tu relación de cortejo, así como la oportunidad de tener una relación que perdure; que sea profundamente romántica y que glorifique a Dios.

Pero antes de proceder con el tema, quiero estar seguro de que estás claro en cuanto a lo que *no estoy* diciendo. Primero, no estoy diciendo que debes sacrificar toda tu privacidad dentro de la relación. Pasar tiempo a solas como pareja es muy importante. Segundo, no estoy diciendo que debes tener otra persona (tus padres o tu pastor) que tome por ti la decisión sobre con quién te vas a casar. Sólo tú puedes tomar tal decisión.

El problema que enfrentamos hoy día, es que hemos permitido que la importancia de la privacidad y las decisiones personales, nos hagan abandonar lo que la Biblia nos enseña sobre la necesidad que tenemos de compañeros y amigos cristianos dentro de la iglesia local. Aunque es cierto que nadie más que nosotros debemos decidir con quién nos vamos a casar, ¡es un poco arrogante pensar que podemos tomar una decisión tan importante sin el consejo y la asesoría de otros! Y aunque también es cierto que una pareja necesita pasar tiempo a solas, es imprudente y poco sabio desligarnos de la sabiduría y el apoyo que nos brindan aquellos que nos conocen íntimamente.

A través de la Biblia, Dios recuerda que no fuimos creados para vivir por cuenta propia la vida cristiana en ninguna de sus etapas, nos necesitamos el uno al otro para crecer en santidad, fortaleza y fidelidad. Dios nos ha adoptado en una nueva *familia*. Juntos, hemos sido llamados a ser un pueblo de gente santa, y no solamente individuos santos (Efesios 5:3).

Mientras que en el mundo secular, la gente está cada vez más sola y aislada de los demás, Dios nos dice que Él nos está edificando juntos como Su iglesia, para llegar a ser un templo en el cual Él mora por medio de Su Espíritu (Efesios 2:22RV60). "Así que ya no sois extranjeros ni advenedizos", dice Pablo, "sino conciudadanos de los santos, y miembros de la familia de Dios" (Efesios 2:19RV60). "Y considerémonos unos a otros para estimularnos al amor y a las buenas obras; no dejando de congregarnos, como algunos tienen por costumbre, sino exhortándonos; y tanto más, cuanto veis que aquel día se acerca" (Hebreos 10:24-25).

Lo que la comunidad provee

La Biblia nos señala la prioridad de la iglesia local, y nuestra necesidad de recibir estímulo y fuerzas de otros creyentes, en cada área de nuestra vida, incluyendo el romance. Nuestro proceder en el área del romance debe reflejar cuán *radicalmente diferentes* son nuestras relaciones como creyentes dentro de la comunidad de los redimidos. No fuimos llamados a enfrentar la vida solos, en realidad, nos necesitamos los unos a los otros.

¿De qué manera necesitamos de los demás durante el cortejo? He aquí tres cosas importantes que la comunidad nos brinda.

1. La comunidad nos recuerda la realidad.

No hay nada como el romance para cegar el entendimiento de un individuo respecto a la realidad. Cuando nuestras emociones y sentimientos están acelerados al máximo, es difícil ser objetivos, vernos a nosotros mismos, a la otra persona, y a nuestra situación particular acertadamente.

La comunidad brinda revisiones de lo que es la realidad en varias maneras. Por ejemplo, la misma ofrece otra perspectiva sobre nuestra relación. De no haber sido por el consejo que les ofreció un amigo, Kerrin y Megan nunca hubiesen comenzado su relación de cortejo. Cuando Megan se enteró por su padre que Kerrin estaba interesado en ella, casi lo descarta por completo. Él no era el tipo de muchacho que a ella le gustaba. Pero una conversación que tuvo con su amiga Claire durante un almuerzo (la misma Claire del capítulo 4), la ayudó a considerar las cualidades que realmente importan en un esposo, y esto cambió su perspectiva. En uno de los apuntes que hizo Megan en su diario durante esta época, muestra la lenta transformación que se llevó a cabo, al ser retada amorosamente por su amiga a reconsiderar su actitud hacia Kerrin. Megan escribió lo siguiente:

"El miércoles salí con Claire. Hasta ese momento estaba plenamente confundida en cuanto a Kerrin. Mi corazón y mi mente jugaban conmigo. Le expresé a Claire todo lo que estaba sintiendo y mencioné los puntos a favor, los puntos en contra, y la confusión".

Ella me escuchó y se rió de mí. Me habló de su experiencia personal con David, y cómo él también era diferente de los demás chicos que a ella le gustaban. Entonces explicó cómo se sintió atraída por sus cualidades, su humildad y su disposición por servir. Al escucharla, pude reconocer que en el transcurso de mi vida, yo había estado basando mis relaciones en sentimientos y atracción física. Claire recalcó que una relación de cortejo y matrimonio, no puede estar basada en los sentimientos. Somos gente muy voluble. Julie también me había dicho lo mismo: "No puedes confiar en tus afectos, pero sí puedes confiar en el amor y en el carácter".

Este consejo estremeció todos mis ideales románticos, y comencé a pensar en el carácter. Entonces Claire me preguntó si las opiniones de otras personas tenían algún peso a la hora de tomar una decisión. Reconozco el efecto que esto tuvo en mi decisión inicial de decirle no a Kerrin. Supongo que pensé que merecía algo mejor. No es otra cosa que orgullo necio. Mientras Claire iba describiendo cada aspecto de su experiencia con David, me pude percatar de lo errado que estaban mis ideales. Me despedí de ella, decidida a revaluar de qué estaban compuestas mis opiniones.

Claire no me convenció de que debía establecer una relación de cortejo con Kerrin; ella me ayudó a evaluar

cuáles eran los ingredientes que formaban parte de mi
decisión, y por qué pensaba y sentía de la manera que lo
hacía. Hablé con papá y mamá esa misma noche, no estaba muy clara todavía sobre lo que quería y carente de fe,
pero decidida a escudriñar mi corazón.

El diario de Megan demuestra cómo Dios usó las palabras de
una amiga para tiernamente guiarla por el camino correcto. Megan estaba confundida. Se sentía abrumada por sus emociones.
Como alguien que a tientas intenta cruzar un valle rodeado de neblina, ella necesitaba que aquellos que se encontraban a su alrededor en las colinas que rodeaban el valle, la guiaran por el buen camino. Claire, la amiga de Megan, al igual que sus padres, no toma-
ron la decisión por ella. Pero al brindarle una verificación de la
realidad, desde el exterior de sus nublados sentimientos, le sirvió
de ayuda para encontrar la salida.

La comunidad también nos brinda una verificación de la realidad es, al ofrecernos un contexto de la vida real en el cual nos podemos observar el uno al otro. Las citas a solas son maravillosas.
Pero si tales citas representan el único ambiente en el cual dos personas se relacionan, son grandes las probabilidades de que ninguno de los dos está captando un cuadro fiel de quién es en realidad
la otra persona.

Es por esta razón, que es provechoso conocerse mutuamente
en ambientes comunitarios como la familia, amigos y la iglesia. Podrías decir que estos son nuestro hábitat natural. Si deseas comprender la verdadera naturaleza y carácter de un león, no vayas al
zoológico, ¡ve a las llanuras de África! Allí podrás ser testigo de su
verdadero temperamento, habilidades y comportamiento. De
igual manera, cuando observamos a la otra persona desenvolverse
en los diversos y reales ambientes de una comunidad, somos más
propensos a ver quién es la persona en realidad, la persona en la
que él o ella se convertirá una vez que se eliminen las restricciones
de las citas y la relación de cortejo.

Es una realidad, que pasar tiempo juntos compartiendo con los familiares de ambos es muy importante. Algunas personas se mofan de esta idea. Piensan que la misma es anticuada, y hasta inmadura. Pero lo cierto es que relacionarse con los padres de ambos, le brinda a la pareja una verificación muy necesaria de lo que es la realidad. Por ejemplo, no supongas que si el joven con quien estás involucrada en una relación de cortejo es irrespetuoso con su madre, que esta es la excepción de la regla. Lo cierto es que como te trata al presente, es la excepción, como se comporta cuando está con su familia es él en realidad. Este principio también se aplica a cómo la otra persona se comporta cuando está con sus amigos. Si quieres tener un cuadro claro de la otra persona, tienes que asegurarte de edificar la relación en medio de la realidad de una comunidad, y no sólo cuando pasan tiempo a solas disfrutando de escapaditas románticas.

Solicita revisiones de la realidad

¿Cómo incorporar a la relación las revisiones de la realidad que brinda la comunidad? Una manera de hacerlo, es procurando que el tiempo que pasan juntos como pareja se divida entre tiempo a solas, y tiempo con amigos y familiares. Sería muy sabio si al comienzo de la relación, dedican más tiempo a compartir en actividades y lugares donde otras personas también participan.

Otra, es solicitar revisiones de la realidad de tantos diferentes recursos como les sea posible. No esperen que sus amigos, padres y pastores se acerquen a ustedes con consejos sobre su relación de cortejo, acudan ustedes a ellos. ¿Quiénes son las personas que en sus vidas han demostrado tener sabiduría? Quienesquiera que sean, acudan a ellos e involúcrenlos en su relación. Soliciten su perspectiva y su oración.

Mis amigos Brian y Sarah, quienes residen en Orlando, solicitaron este tipo de revisión de la realidad de parte de sus padres, y otras parejas piadosas de sus iglesias. Antes de comprometerse, sistemáticamente organizaron una serie de cenas con cinco parejas de casados. A cada una de ellas le preguntaron: "¿Cuál es su honesta opinión de nuestra relación? ¿Han observado algo en nosotros que les preocupa? ¿Creen que debemos proceder hacia una relación matrimonial?" ¿Qué hacían Brian y Sarah? Ambos procuraban la perspectiva de esposos y esposas que respetaban, y quienes habían observado de cerca su relación.

Y finalmente, no pasen por alto lo que les revele la comunidad en las revisiones de la realidad. Si un abrumador número de leales consejeros expresan tener reservas sobre la relación, esto debe recibirse con la debida seriedad. No deben suponer que los problemas o retos que ellos vean, van a desaparecer como por magia sólo porque deciden casarse.

2. La comunidad brinda protección

En *Reader's Digest*, una madre relató una divertida historia, la cual ilustra cómo la comunidad brinda protección a las relaciones. Cierta noche, esta mujer y su esposo visitaron junto con unos amigos el restaurante donde su hija adolescente, Misty, trabajaba como mesera. Un hombre que estaba sentado en una mesa cercana, y que probablemente tenía quince años más que Misty, comenzó a coquetear con ella. La chica no le hizo caso cuando le pidió su número telefónico, pero él continuó insistiendo. Finalmente, ella dejó lo que estaba haciendo y lo miró fijamente. "¿Ves a aquel hombre?", dijo ella señalando hacia su padre. El cliente miró en dirección donde se encontraban los padres. "Ese es mi padre", dijo Misty. "Ambos tenemos el mismo número telefónico. Si aún lo quieres, puedes pedírselo a él".

Aunque es una historia divertida, pienso que el principio detrás de la misma, es muy serio. Creo que en la vida de cada chica debe haber un hombre piadoso, hacia el cual ella pueda señalar futuros posibles pretendientes (buenos o malos) y decir: "¡Si estás interesado en *mí*, debes hablar con él!" Necesitamos de la comunidad, porque necesitamos estar protegidos.

Y aunque estoy consciente de casos de hombres que necesitan ser protegidos de mujeres peligrosas, hago este señalamiento primordialmente para enfatizar la importancia de proteger a la mujer dentro de una relación. Hoy día, la consecuencia más desgarradora por la falta de una presencia y participación comunitaria, es que las mujeres son cada vez más vulnerables. Da una mirada rápida a tu alrededor y considera las violaciones durante las citas amorosas y el abuso físico y emocional que las mujeres padecen. ¿Dónde están los padres? ¿Dónde están los hermanos? ¿Dónde están los hombres piadosos que asumen tales papeles a favor de las que son huérfanas de padres?

Uno de los grandes privilegios de la hombría piadosa es precisamente brindarles protección a las mujeres. Tal y como lo mencionamos en el capítulo siete, esto no es una demostración de nuestra superioridad, sino una expresión del papel otorgado por Dios como siervos protectores y líderes. Anteriormente compartí cómo mi amigo Kerrin se reunió con Bob, el padre de Megan, para solicitar que le permitiera comenzar una relación de cortejo. Es importante que entiendas que esto era algo que Megan deseaba. Ella confiaba en su padre, y por lo tanto solicitó su liderazgo y supervisión. Ella deseaba que él investigara y pusiera a prueba a los chicos que mostraran interés en ella. Ella deseaba que él la supervisara durante el cortejo. Cuando Bob entregó a Megan el día de su boda, era mucho más que una tradición, simbolizaba la realidad de que ella estaba pasando de su protección, a la de Kerrin.

Muchachas, a pesar de lo que hayan experimentado bajo el cuidado de sus padres terrenales, deben saber que esto es lo que su Padre celestial desea para ustedes. Nunca ha sido la voluntad de Dios que ustedes queden sin protección. Siento que muchas de ustedes nunca han tenido la dicha de tener un padre cristiano, que como Bob, cuide de ustedes. Siento mucho que la negligencia por parte de los hombres las ha dejado vulnerables al maltrato y al abuso. Siento mucho que ustedes hayan tenido que asumir las características masculinas necesarias para batallar solas y protegerse ustedes mismas.

Ese no es el plan de Dios, es la consecuencia de nuestro pecado y desobediencia. Jesús vino a cambiar los efectos del pecado. Parte

de la razón por la cual nos ha dado la iglesia local, es para proveer-
le un padre a los huérfanos, para que esta sea la familia espiritual
que ocupa el debido lugar cuando no tenemos familia carnal. Mi
amiga Karen, perdió a su padre, quien murió de cáncer cuando
ella tenía veintiséis años de edad. Cuando ella comenzó una relación de cortejo con Alex, le pidió a su cuñado Tom, quien también
era miembro de la iglesia, que asumiera el papel de protector.

"Si Tom no estuviera involucrado, entonces seríamos Alex
y yo solamente", dice Karen. "Lo cierto es que no confío en mí
misma plenamente. Necesito el consejo de Tom. Necesito que
haya un amortiguador entre Alex y mis emociones. Necesito que
alguien rete mi perspectiva, y que a la vez, dé la cara por mí".

Solicita protección

Permíteme estimularte a que des los debidos pasos como medio
de solicitar la protección que la comunidad le puede brindar a tu
relación de cortejo.

Si el padre de la chica en la que estás interesado es cristiano, él
debe ser la primera persona con quien te debes reunir. Procurar su
permiso para comenzar una relación con su hija lo honra a él, y
ayuda a protegerla a ella. Reconoce con agradecimiento su autoridad y liderazgo en la vida de la joven. Expresa tu intención de comenzar una relación de cortejo, y confía en que Dios ha de obrar
para bien a través de él. No intentes socavar su liderazgo, hónralo,
aun cuando signifique tener que esperar más tiempo, o tener que
hacer las cosas diferentes a como las habías planeado.

Como mujer dentro de la relación, si tienes un padre piadoso
(aun cuando no estés viviendo bajo su techo), te animo a que lo involucres en este aspecto de tu vida. Dialoga con él y con tu madre
sobre el tipo de esposo por el que has estado orando. Solicita su
consejo. Recluta a tu padre como tu propio "probador de chicos".
Hazle saber quién está en tu lista de posibles candidatos, y a quién
puede respetuosamente rehusar.

Quizá estés pensando: *"Pero esto no se aplica a mi situación particular"*. Lo entiendo, y espero que puedas apreciar el principio implícito. Diferentes personas lo aplicarán en forma diferente en sus vidas.

Por ejemplo, yo no hablé con el padre de Shannon antes de expresarle a ella mi interés. Ella no vivía con sus padres, y aunque tenía un padre maravilloso, él ni era creyente, ni ejercía un liderazgo espiritual sobre su vida. Yo sabía que si lo llamaba por teléfono para solicitar su permiso para una relación de cortejo, en vez de servir de ayuda, crearía mayor confusión.

En lugar de hablar con su padre, decidí hablar con su pastor y con otras dos parejas casadas de nuestra iglesia que la conocían íntimamente. Me aseguré de que ellos no tuvieran inquietudes sobre mi persona ni sobre el momento para comenzar una relación. Sólo después de haber recibido su apoyo, fue que dialogué con Shannon.

Luego, al siguiente día, llamé a los padres de Shannon para informarles sobre nuestra relación de cortejo, y para solicitar su participación. "Me agradaría que ambos estén involucrados en nuestra relación", les dije. También les comuniqué que hablaría con ellos antes de declararme.

¿Puedes ver el principio en acción en nuestra situación? Yo estaba solicitando la protección de hombres y mujeres quienes se interesaban por la vida espiritual de Shannon, y a la vez, estaba honrando al padre y a la madre que la criaron. No todos disfrutamos de una situación familiar perfecta, pero sí podemos aplicar de alguna forma este principio.

3. La comunidad brinda el proceso de rendir cuentas

Rendir cuentas como creyentes, es invitar a otros para que nos ayuden a vivir de acuerdo con lo que conocemos es lo correcto. Es pedirles que nos reten, que pidan informes, y que nos interroguen, con el propósito de que nuestras acciones siempre estén en línea con nuestras convicciones.

La Biblia está llena de advertencias sobre la realidad del pecado que mora en nuestro interior. Jeremías 17:9 dice: "Engañoso es
el corazón más que todas las cosas, y perverso; ¿quién lo conoce-
rá?" En Primera de Juan 1:8 se nos dice que: "Si decimos que no tenemos pecado, nos engañamos a nosotros mismos, y la verdad no
está en nosotros".

El hecho de que nuestros corazones nos traicionan, es indicio
de nuestra gran necesidad de tener compañeros cristianos que nos
ayuden a batallar la buena batalla de la fe, y a resistir el pecado.
Esta es la razón por la que Steve y Jamie, quienes son mayores de
treinta años de edad, pidieron rendir cuentas a Walt y Brenda,
una pareja de casados mayores de edad, que dirigen su grupo de
hogar. Aunque ambos, Steve y Jamie son padres solteros que han
estado previamente casados, aun así, quisieron tomar muy en serio
el aspecto de la pureza sexual.

"Cuando has estado casado y tienes tres hijos, es muy fácil
pensar que protegerte en contra del pecado sexual no es tan importante", dice Jamie. "Puedes decirte a ti misma: '¡*Ya soy una
chica grande y conozco lo que hay en el mundo*!' Pero si en realidad conoces lo que hay en el mundo y cuáles son sus consecuencias, echarías a correr".

Steve está muy de acuerdo. "Necesito ayuda en cuanto a proteger mis pensamientos. Quiero que en mi relación de cortejo con
Jamie haya pureza. Y al saber que cada domingo Walt me va a
preguntar: '¿Cómo anda tu comportamiento?' Me sirve de motivación adicional".

Rendir cuentas es importante por otras razones, además de
simplemente mantener la pureza sexual. Mantener el equilibrio
entre cultivar y proteger, tal y como lo discutimos en el capítulo
cinco, es otra área en la que otros pueden ayudar. Tus padres, tus
amigos o el pastor, podrían preguntarte cómo te ha ido al procurar proteger la comunicación entre ambos y las expresiones de
romance.

Los animo para que ambos le rindan cuentas a una pareja de casados (ejemplo tus padres), así como por separado a otros individuos. La pareja con quien decidan rendir cuentas, debe ser un esposo y una esposa que ustedes respeten, y que estén dispuestos a retar y confrontar a ambos cuando sea necesario. El individuo al que le han de rendir cuentas, debe ser un hombre o una mujer piadosa de tu mismo sexo, con quien puedas hablar frecuentemente y con facilidad, y que sea fuerte en aquellas áreas en las que eres débil. ¡Después de todo, el rendir cuentas en nada aprovecha cuando la persona a quien le rindes cuentas está pecando de la misma forma que tú lo estás haciendo!

Esto no es un matrimonio pactado de antemano

Así como ninguna relación de cortejo debería estar desconectada de la participación de otras personas, tampoco la misma debería ser controlada o manipulada por otras personas. Una actitud bíblica es aquella que humildemente procura la ayuda de los demás. Pero esto no significa que debemos depender de otros en cuanto a la decisión final sobre con quién, y cuándo nos vamos a casar. El firme y serio compromiso de una relación matrimonial, es algo que solamente nosotros podemos vivir y dar la cara en los años que tenemos por delante. Es por esta razón que nadie, ni los padres, ni los pastores, ni los amigos, pueden tomar esta decisión por nosotros. Aunque es cierto que sus consejos deberían informarnos, a la larga, somos nosotros los que debemos escuchar la voz de Dios y tener la fe para casarnos.

Mientras que muchos solteros carecen de padres que son cristianos, otros los tienen, pero están confusos en cuanto a la participación y poder de decisión que estos deberían tener durante el cortejo y el matrimonio. He escuchado muchas historias muy tristes de padres que manipularon e intentaron controlar a sus hijos durante el cortejo. Esto es un error y es antibíblico.

¿Cuál principio podría ser nuestra guía al considerar estas preguntas? La Biblia enseña con claridad que un hijo dependiente debe obedecer a sus padres, siempre y cuando estos no le pidan que desobedezca a Dios (Efesios 6:1). Cuando llegamos a la edad de ser considerados adultos, el mandato que se nos da no es a obedecerlos, sino a honrarlos (Éxodo 20:12). Esto significa que debemos respetar el consejo que recibimos de ellos, y considerarlo con mucho cuidado.

Obviamente, nuestro respeto por sus consejos también va a depender de la santidad e integridad que se observa en sus vidas. Dios me ha bendecido con un padre y una madre que han servido a Dios y que han estado fielmente casados por más de veinticinco años. Para mí, sus consejos ameritan gran consideración. Ellos nunca me dijeron lo que debía hacer durante mi cortejo con Shannon, pero ambos, eran mis más leales asesores. Y porque fueron humildes y se preocuparon por mí, también me estimularon a procurar el consejo de otras personas.

Proverbios 15:22 dice: "Los pensamientos son frustrados donde no hay consejo; mas en la multitud de consejeros se afirman". La decisión de con quién te vas a casar, debe involucrar a muchos asesores. Si tus padres son piadosos y el fruto en sus vidas demuestra sabiduría, ellos deberían ser los primeros en tu lista de asesores. Pero esto no significa que su perspectiva personal debería representar tu decisión final. Tú también deberías procurar el consejo de otros consejeros sabios, y llegar a una convicción propia ante el Señor.

En mi propia vida, el cuidado y la supervisión que mis pastores me brindaron, fue esencial para lograr el éxito en mi cortejo. Sus oraciones, sus consejos, y tener que rendir cuentas ante ellos, antes y durante la relación de cortejo nos ayudó a Shannon y a mí a mantener el enfoque adecuado en nuestra relación. Te animo a que procures un tipo de ayuda similar durante tu relación. Los líderes buenos y bíblicos serán honestos y francos, pero nunca se comportarán como intrusos.

Compartiendo la alegría

El plan divino respecto a la participación de la comunidad en el cortejo, no tiene nada que ver con sofocar tu felicidad. ¡Sí tiene que ver con multiplicar tu alegría! ¿Acaso no es cierto que la maravilla de una puesta del sol se aprecia mejor en compañía de un amigo, y nos parece aun más hermosa que cuando estamos solos? Cuando compartimos algo con los demás, aumentamos el placer que experimentamos. Esta es una de las dulces motivaciones que nos deben llevar a solicitar la participación de tu familia y de tu iglesia local en tu relación durante el cortejo.

Cuando tu amor por alguien comienza a crecer, es maravilloso ver cómo tus amigos y familiares también se van enamorando de tal persona. Podrás ver cómo se desarrolla esta alegre experiencia en la vida de Megan, en el siguiente extracto tomado de su diario. Ella lo escribió durante el cuarto mes de su relación con Kerrin (y un mes antes de que él le declarara su amor):

> Llegó la Navidad. Ayer cortamos nuestro arbolito; hoy salimos de compras otra vez, yo, Kerrin y Chelsea. Qué temporada del año tan especial y emocionante es esta. Kerrin le añade una dimensión completamente nueva a nuestra familia. Anoche tuvimos uno de esos "momentos"; decorando el árbol mientras escuchábamos villancicos, la familia y Kerrin.
>
> De todas las sorpresas inesperadas de esta temporada, la mejor de todas es la inclusión de Kerrin en nuestra familia. Me causa tanto placer verlo íntimamente involucrado en nuestra familia. Verlo como un aspecto de todas nuestras tradiciones... bromeando con Jordan, fastidiando a Chelsea, jugando con Brittany y McKenzie. Me encanta ver cómo ha penetrado en nuestro mundo, en nuestra vida.
>
> No me imaginé que esto iba a suceder. Supongo que en mi egoísmo, nunca llegué a pensar realmente en este aspecto de nuestra relación. Cuán agradecida estoy por el

tiempo que él ha invertido en nuestra familia, con el propósito de que ellos aprendan a amarlo tanto como yo. Me encanta el tiempo que pasamos a solas, pero, cuando pienso en los momentos junto a la familia —jugando cartas, mirando películas, tomando café en *Starbucks,* juegos, hablando, riendo— cambiaría miles de citas nocturnas por momentos tan especiales como estos.

¿Por qué necesitamos de la comunidad para lograr un cortejo exitoso? Porque en realidad nos necesitamos los unos a los otros.

Necesitamos que se nos recuerde lo que es la realidad.

Necesitamos protección.

Necesitamos ayuda para ser, y hacer, lo que creemos.

Gracias a Dios que no estamos solos. Jesús pagó el precio de nuestra libertad por medio de su muerte y resurrección. Él nos ha reconciliado consigo mismo, y nos ha reconciliado los unos con los otros. Somos familia, hermanos y hermanas.

¿Por qué necesitamos de la comunidad? Porque al igual que una buena boda, el cortejo debe ser una celebración compartida.

Capítulo **nueve**

El verdadero amor no sólo espera

Cómo vivir apasionadamente enamorado y sexualmente puro

"¿Con quién crees que bromeas?"

Hice un leve movimiento, cerré los ojos y traté de ignorar la voz. "A nadie engañas", la escuché decir nuevamente. Pero no respondí. Acaso se vaya. Quizá se rinda.

Shannon y yo nos habíamos comprometido hacía dos meses. Habíamos venido a visitar a su madre Mitzi en su casa de playa en Ocean City. Esto representaba un merecido descanso del trabajo y de los planes de boda. ¿Acaso no necesitaba también mi conciencia un descanso? La misma había estado trabajando bastantes horas adicionales estos últimos meses. ¿Es que no podía tomarse un descanso? ¿Relajarse un poco?

"Esto es ridículo, Josh", me dijo nuevamente sin dejarse intimidar. "Sabes que esto no está bien". Era evidente que mi conciencia no creía en las vacaciones.

Ella estaba en lo cierto. Yo sabía que lo estaba, pero era demasiado testarudo para reconocerlo. La idea había sido mía, de que Shannon y yo tomásemos una siesta juntos en la hamaca que había en el patio. Tan pronto hice tal sugerencia, supe que era una mala idea. Mi motivación oculta era estar lo más cerca posible del cuerpo de Shannon. Mi conciencia sentía indignación. "¿Tomar una siesta en la hamaca?", me gritó "¿Acaso estás loco? Esa no es una tentación pasajera, es una invitación directa!"

Tranquilízate, le dije mientras Shannon y yo tomamos dos almohadas y nos dirigimos hacia la hamaca que colgaba entre dos árboles. *¿Alguna vez has escuchado el término libertad cristiana?* Continué argumentando con enojo. *¿Se te ha olvidado que estamos comprometidos? Esto es algo inocente. "Para los puros, todas las cosas son puras".*

"¡No uses las Escrituras conmigo, Cabezón!", me dijo a gritos. "¿Estarías haciendo esto si tu pastor estuviera presente? ¿Lo incluirías en un libro? ¿Escribirías: 'Para crecer en la pureza, acuéstense juntos a tomar una siesta en una hamaca'?"

Yo no soy un legalista, le respondía con enojo, mientras Shannon y yo afirmábamos el oscilante dispositivo, nos subíamos a él, y nos acostábamos cada cual en dirección contraria. *No voy a vivir mi vida de acuerdo con las normas de otras personas*, le dije a mi conciencia. *Siento paz en cuanto a lo que estoy haciendo.*

"Si en verdad sientes tanta paz como dices, ¿por qué entonces discutes conmigo?"

Buena pregunta. Como no tenía una respuesta, decidí probar el método silencioso e ignorarla. No podía dejar de pensar en Pepito Grillo acosando a Pinocho. Si en ese momento mi conciencia hubiera sido un grillo, probablemente lo hubiese aplastado.

Simplemente yo no quería lidiar con el asunto. Cielos. Shannon y yo ya éramos muy, pero muy puros físicamente. Habíamos hecho un pacto de no besarnos hasta el día de nuestra boda. Lo más que hicimos como pareja de novios *comprometidos* fue tomarnos de la mano o echar el brazo por encima del otro. Y, pues sí, estábamos acostados juntos en una hamaca. ¿Y eso qué? Sí, es cierto que nuestros cuerpos estaban bastante cerca el uno del otro. Y sí, nos encontrábamos medio acuñados el uno contra el otro. Y sí, era sensual y me estaba excitando. Pero, santo cielo, ¡no me dejaré dominar por el legalismo!

"Deja de mirar sus piernas, Josh". me dijo la conciencia. "Tus ojos entreabiertos no me engañan".

Sólo las estoy admirando.

"Estás sintiendo lascivia".

Pero en cuatro meses ella será mi esposa.

"Sí, pero ella no es tu esposa hoy".

¡Dios no desea que suprima mi sexualidad!

"Suprimir no. Pero controlar por amor a la justicia, eso sí".

¿Y por qué todo tiene que ser tan catastrófico?

"Permíteme hacerte una última pregunta, y luego te dejaré solo".

¿Cuál?

"Si Jesucristo, el que te bendijo con tu sexualidad y trajo esta chica a tu vida, el que sacrificó su vida para redimirte y separarte para una vida de santidad, si Él decidiera acercarse y colocar su mano con cicatrices por los clavos sobre esta hamaca, ¿te sentirías orgulloso de lo que estás haciendo?"

Hice silencio.

"¿Josh?"

Me voy a bajar.

Dejé colgar mis piernas por el costado de la hamaca y me bajé de la misma dando una voltereta.

"¿Te sucede algo?", preguntó Shannon, sorprendida ante mi repentina despedida.

"No debo estar metido en la hamaca contigo", dije. "Lo siento, pero estoy disfrutando la experiencia, pero por razones incorrectas. Siento haberlo sugerido. Necesito salir a caminar".

"Está bien", dijo ella sonriendo. Ella estaba consciente del acalorado debate que se había estado desenvolviendo al otro extremo de la hamaca.

"Te amo", dijo ella mientras me alejaba.

"Yo también te amo", dije. Verdaderamente la amaba. Y es precisamente la razón por la cual me alejé de ella caminando.

No sólo esperar

Dios les dice a sus hijos: *"Pero fornicación y toda inmundicia, o avaricia, ni aun se nombre entre vosotros, como conviene a santos"* (Efesios 5:3 RV60). Es por causa de mandatos claros como este, y la realidad de nuestros apetitos sexuales dados por Dios, que enfrentamos momentos de "hamaca", momentos cuando debemos escoger entre lo que nuestros cuerpos reclaman, y la instrucción que hemos recibido de nuestro Señor.

La tentación podría ser aparentemente inocente como decidir cuándo besar, o tan seria como escoger cuándo acostarse juntos. Cualquiera que sea, la lucha interna es la misma. Y todo el asunto se desenvuelve alrededor de la pregunta: ¿a quién le va a hacer caso? ¿Decidirás hacerle caso a los claros mandamientos en las Escrituras y a la voz de tu conciencia, o a la voz de la transigencia que te ofrece placeres inmediatos? ¿Qué te hará *verdaderamente* feliz?

Todos sabemos cómo debemos responder, pero cuando nuestros deseos se activan, hacer lo correcto no es fácil. En medio de una pasión acalorada, necesita algo más que un simple conocimiento sobre la pureza sexual. Para pararnos firmes en contra del pecado, no podemos simplemente estar intelectualmente de acuerdo con los méritos de la castidad. Debemos ser cautivados por la belleza y el placer máximo que nos brinda la fórmula divina. Esto implica estar de acuerdo con Dios respecto a la buena calidad del sexo puro dentro del matrimonio, rehusar las falsificaciones que el mundo ofrece, y temerle a las consecuencias del sexo ilícito.

Ser cautivados por el camino que Dios ha trazado no es algo que ocurre por accidente, requiere un esfuerzo determinado antes del matrimonio. El autor Ken Myers me dijo en cierta ocasión: "El verdadero amor no sólo espera; sino que planifica". Y él tiene toda la razón. Mientras somos solteros o estamos en una relación de cortejo, necesitamos hacer mucho más que evitar lo indebido, necesitamos planificar y esforzarnos arduamente por ser cautivados por el bien. En este capítulo, veremos cómo puedes planificar durante el cortejo, y el compromiso para una emocionante vida sexual matrimonial que glorifique a Dios. ¿Estás listo para ser cautivado?

Adoración en la cama

Dios celebra el sexo puro que se lleva a cabo en el matrimonio. Y nos extiende una invitación a hacer lo mismo. "¿Qué otro regalo de celebración tenemos aparte del acto de hacer el amor?", pregunta Douglas Jones. En uno de sus escritos él dice que el lecho matrimonial no debería ser un lugar donde solamente "se satisfacen los impulsos naturales, sino un lugar donde uno se deleita en la misteriosa hermosura de tales impulsos. ¿Por qué se deleitó Dios en extasiarnos con piel tierna, pechos suaves, músculos firmes, piernas enredadas, y besos lentos?"

¿Por qué se deleitó Dios en hacernos de tal manera? La respuesta es, para nuestro disfrute, y para su Gloria. Porque Él es bueno, muy bueno. Él pudo haber creado la manera como nos procreamos para que sea tan breve y aburrida como un estornudo. Pero, al contrario le añadió más chispas que una celebración de fiestas patrias. Y cuando un esposo y su esposa se deleitan, y le dan gracias a Dios por el regalo del sexo, a Él glorifican. ¡Su experiencia sexual se convierte en un jubiloso servicio de adoración entre dos personas!

Para poder planificar para una gran vida sexual en el futuro, debemos reconocer que el mensaje de la Palabra no es que debemos desdeñar la relación sexual, sino amar a tal grado el diseño original de Dios, que consideramos como repugnantes las perversiones del mundo. "¡Disfruta el sexo puro!" Parece ser el grito de Dios para nosotros en Proverbios 5:18-19: "Sea bendito tu manantial, y alégrate con la mujer de tu juventud, como sierva amada y graciosa gacela. Sus caricias te satisfagan en todo tiempo, y en su amor recréate siempre" (RV60).

La palabra recréate es similar a *cautivado*. Significa estar asombrado y quedar completamente apresado, por la belleza de algo. "Recréate, sé raptado, embelésate con el cuerpo de tu esposa", nos dice Dios. "Sé extasiado por el verdadero y perdurable placer del lecho matrimonial".

Atrapados por el sexo ilícito

Sólo cuando hemos sido cautivados por la excelente calidad del plan de Dios, es que podemos evitar convertirnos en prisioneros de la inmoralidad. O podemos ser cautivados por la justicia o cautivados por el pecado. "Prenderán al impío sus propias iniquidades, Y retenido será con las cuerdas de su pecado" (Proverbios 5:22). El hombre y la mujer que abren su corazón al placer inmediato del sexo fuera del matrimonio, podrían pensar que están experimentando libertad, pero en lo opuesto, los tentáculos del pecado los rodean, los enredan y los arrastran hacia la muerte.

¿Cuál camino escogeremos? Dios nos estimula a que escojamos la vida y el placer verdadero:

> Hijo mío, bebe de tu propio pozo; sé fiel y sincero con tu propia esposa. ¿Por qué engendrar hijos con mujeres de la calle? ¿Por qué compartir tus bienes con los que no son de tu casa?...¿Por qué habrás de gozarte con rameras, abrazando lo que no te pertenece?
>
> Proverbios 5:15-17, 20

La Escritura no niega los placeres del sexo ilícito; sí, por supuesto que lo vas a disfrutar; sí, puede ser muy excitante. Pero su placer es vacío, en comparación con los deleites del amor matrimonial, y necio a la luz de las horrendas consecuencias que han de visitar el alma, el cuerpo y las emociones. "Dentro del matrimonio, el sexo es hermoso, lleno de satisfacción y creativo", escribe John MacArthur. "Fuera del matrimonio es feo, destructivo y abominable".

¿Cuál es la recompensa del pecado sexual? "Perderás tu honor, y entregarás en manos de gente despiadada todo lo que has logrado en la vida. Gente extraña se apoderará de tus riquezas, y algún otro se deleitará en el fruto de tu labor. Al final gemirás a causa de la angustia cuando la enfermedad consuma tu cuerpo" (traducción libre Proverbios 5:9-11).

¿Acaso exagera la Biblia? Por supuesto que no. Pregúntale a Michelle, una chica que conocí en una librería cristiana en la ciudad de Phoenix. Por veintidós años estuvo conservando su virginidad para su futuro esposo. Estaba trabajando como modelo cuando conoció a un atractivo hombre, el cual propuso en su corazón acostarse con ella. La chica se entretuvo con él, disfrutando la atención que recibía. Y cierto día, en el sofá de su departamento, ella cedió a sus insinuaciones. Tan solo una vez. Menos de una hora de placer robado. Él se marchó, y ahora ella es una madre soltera que lucha por atender a su hija de dos años de edad, sin un padre a su lado.

La Biblia no está siendo dramática cuando dice "y gimas al final cuando se consuma tu carne y tu cuerpo". Sólo pregúntale a un pastor en Asia del cual me habló mi pastor. A los treinta años de edad, aún era virgen, y estaba a dos meses de su matrimonio. Una noche, ardiendo de lujuria y cansado de resistir la tentación, se dirigió hacia la "zona roja" de la ciudad, y a la cama de una prostituta. Sólo una vez. Sólo quince minutos en un oscuro y sucio cuarto, un breve momento de gratificación en años de trabajo para Dios. Se marchó del lugar infectado de SIDA. Dos meses después, inconscientemente infectó a la novia que con tanta paciencia había esperado por él. Ahora, él gime de angustia a causa de la enfermedad que atormenta sus cuerpos.

Si crees que estos son ejemplos exagerados, sólo observa la mirada de innumerables hombres y mujeres que ni tienen hijos ilegítimos ni enfermedades, pero que han sido marcados por la cicatriz de la vergüenza y el resentimiento. La escritora Deborah Belonick conoce demasiadas mujeres que en un tiempo, "consideraban la liberación sexual como diversión sana y buena", pero que ahora están cosechando amargos resultados. Ella describe a mujeres que ahora están casadas y con hijos quienes, "no podían permitir que sus esposos las tocaran o las abrazaran de ciertas maneras porque les recordaba ebrias orgías en las que participaron en la universidad o en la escuela superior. Mujeres que no son fértiles debido al daño causado por las enfermedades de transmisión sexual. Mujeres que tuvieron que someterse a biopsias por condición precancerosa, debido a que tuvieron demasiados compañeros sexuales". Pregúntales a mujeres como estas si valió la pena. Dialoga con las parejas de casados que pecaron juntos antes del matrimonio y que han pasado años recuperándose de la amargura y la desconfianza que sembraron en su relación.

Y, si todo esto no es suficiente para considerar que la opción de la inmoralidad sexual es detestable, mira entonces fijamente a los ojos de Jesús. Él es el único que conoce la profundidad de la absoluta ira de Dios en contra del pecado sexual, Él lo cargó todo cuando lo colgaron en la cruz; maldito y desamparado por Su Padre (2 Corintios 5:21; Gálatas 3:13).

Sin excusas

Parte de la motivación que necesitamos para poder esperar por el placer del sexo puro, es el sobrio reconocimiento de que Dios castiga con seriedad el pecado. No nos engañemos a nosotros mismos. Dios nos está hablando. Hebreos 13:4 dice: "pero a los fornicarios y a los adúlteros los juzgará Dios". Y en 1 Tesalonicenses 4:6 leemos lo siguiente: "Porque el Señor es vengador de todo esto (pecados), como ya os hemos dicho y testificado". No podemos tomar esto a la ligera. Debemos grabarlo en nuestros corazones.

Dios no excusa el pecado basado en quiénes somos o cuán buenos hemos sido en el pasado. No importa si has vivido una vida de pureza sexual por cuarenta años, y entonces tienes una noche de pecado, aun así, Dios odia el pecado de la fornicación. Lee en 2 Samuel 11 la historia del rey David y su relación adúltera con Betsabé. A pesar de que Dios dijo de "un varón conforme a su corazón" (1 Samuel 13:14), sintió gran odio por su pecado y lo castigó. David fue perdonado cuando se arrepintió, pero las consecuencias de su pecado afectaron el resto de su vida. La lección para nosotros es, que la norma de justicia que Dios ha establecido no se aflojará para nadie.

Dios no pasa por alto nuestro pecado, sólo porque no es tan malo como el de otra persona. Siempre podremos encontrar a otra persona o pareja que sean más desobedientes que nosotros, pero eso no cambia la realidad de nuestra propia desobediencia. Dios no mide nuestro comportamiento basándose en una curva. Él no establece sus juicios de acuerdo con normas populares, Sus normas nunca cambian (Salmo 102:27; Hebreos 13:8).

Dios no excusa nuestro pecado porque estamos enamorados y "nadie se hiere". Sé que has escuchado este argumento; quizá lo hayas usado tú mismo. "Ambos consentimos como adultos. ¡Nos amamos! ¡Ambos lo deseamos!" ¿Acaso puedes ver quién es el olvidado en esta ecuación de "dos adultos que consienten?" El Todopoderoso Creador de sus dos cuerpos.

El apóstol Pablo lo explica de la siguiente manera:

Por eso les digo que huyan de los pecados sexuales. Ningún otro tipo de pecado afecta el cuerpo como éste. Cuando uno comete este pecado, peca contra su propio cuerpo. ¿No saben que el cuerpo del cristiano es templo del Espíritu Santo que Dios le dio, y que el Espíritu Santo lo habita? El cuerpo no es nuestro, porque Dios nos compró a gran precio. Dediquemos íntegramente el cuerpo y el espíritu a glorificar a Dios, porque a Él pertenecen.

1 Corintios 6:18-20 LBaD

Las advertencias son serias, y no hay excepciones. Por supuesto, hay personas que aparentemente escapan de las mismas, pero en el más allá habrán de dar cuenta, "pero ellos darán cuenta al que está preparado para juzgar a los vivos y a los muertos" (1 Pedro 4:5). Cada hombre y mujer que rehúsa alejarse del pecado sexual y no se acerca a Jesucristo rogando su perdón, un día tendrá que enfrentarse al Santo juez el breve placer del pecado quedará en el olvido, y será demasiado tarde para acatarse a la misericordia.

Por qué tu impulso sexual es una bendición

Quizá estés pensando "Está bien, estoy de acuerdo en que el matrimonio es maravilloso, y creo también que el pecado sexual lleva a la muerte. ¡Pero nada de esto se relaciona con el ardiente deseo sexual que ahora mismo tengo! ¿Acaso me creó Dios así para atormentarme?"

No, no lo hizo. Aun cuando nuestro impulso sexual pueda parecer como una maldición, y a pesar de que tengamos que controlarlo por nuestro propio bien, necesitamos tener en mente que tales deseos son naturales, un regalo de Dios y maravillosos. De hecho, son una bendición, aun cuando no podemos satisfacerlos.

Permíteme explicar lo que quiero decir. Si Dios hubiera creado el sexo de una manera tan indeseable que nunca nos sintiéramos tentados a robarlo antes del matrimonio, el mismo no sería un gran regalo, ¿cierto? Cada vez que anhelamos la intimidad sexual antes del matrimonio, deberíamos darle las gracias a Dios al instante, por habernos creados como seres sexuales, y por convertirlo en algo tan deseable. La Biblia dice: "Honren (protejan) el matrimonio y mantengan su pureza" (Hebreos 13:4 LBaD). Es debido a que Dios ha creado el sexo como un precioso tesoro, que nos ordena honrarlo y protegerlo.

Cuando yo era un jovencito, leí la historia de un chico a quien se le otorgó el deseo de que cada día sea Navidad. Por un tiempo breve, el chico estaba en el paraíso, cada mañana corría para encontrar grandes medias llenas de nuevos juguetes, y docenas de regalos debajo del árbol. Pero al poco tiempo, la celebración perdió su alegría. Dejó de ser especial. El chico comenzó a menospreciar los regalos. Él había pensado que hallaría la felicidad en la abundancia de días navideños, pero en vez de eso, le robó a las fiestas todo su significado y placer.

Las parejas que impacientemente y con avidez llevan el sexo fuera de los límites del matrimonio, hacen lo mismo. Es como celebrar Navidad todos los días. El acto pierde su belleza y carácter incomparable. Terminan engañándose y robándose a sí mismos de la máxima experiencia sexual.

¿Por qué le pide Dios a los solteros cristianos que se enfrenten a la lucha diaria de controlar sus apetitos sexuales hasta el matrimonio? ¡Una respuesta es que Dios se ha declarado a favor del buen sexo! He leído que los lugares que se especializan en luna de miel se han visto en la obligación de ofrecer cada vez más y más actividades para los recién casados quienes, por no haber esperado, al casarse ya están aburridos del sexo. Mientras que muchas parejas sexualmente promiscuas le dan la bienvenida al lecho matrimonial con un bostezo; los castos se entregan al gozo sexual con deleitosos gemidos. En nuestra luna de miel, Shannon y yo no necesitamos un calendario lleno de actividades. ¡Casi no salimos de nuestra habitación! Habíamos almacenado nuestra pasión; estábamos llenos de anticipación y deseo puro. Todo era nuevo, dulce, embriagador.

Existe otra razón por la cual la lucha en espera del matrimonio es una bendición. Dios no sólo desea que la pareja disfrute el sexo en el matrimonio al máximo, también desea que *juntos* aprendamos a confiar en Él. Cuando en forma sistemática, un hombre y una mujer cristianos niegan sus propios deseos físicos, como una expresión de fe mutua y sujeción a Jesucristo, están estableciendo un fundamento espiritual sólido para su matrimonio. Ambos están aprendiendo a batallar como equipo en contra del pecado. Están aprendiendo a cuidar el uno del otro, a orar el uno por el otro, y a retarse mutuamente. En las maneras más prácticas, ambos se están sometiendo a Jesucristo como Señor de su relación.

Demuestra la profundidad de tu amor

Lejos de ser una maldición, el llamado de Dios a ser casto, es una bendición. Por supuesto que no es así como uno siempre se siente, y cuando nos encontramos en medio de la lucha, nunca es fácil. Por eso es tan importante que tengamos un plan definido respecto a nuestra relación física. Necesitamos principios que nos ayuden a sincronizar nuestros corazones y acciones con el plan divino. Recuerda, nuestra meta es ser cautivados por el plan que Dios ha establecido para el sexo puro. La motivación para ejercer dominio propio y control, no es el ascetismo o la piedad religiosa; sino el gozo, el verdadero placer y la gloria de Dios.

Permíteme compartir algunos principios que nos ayudaron a Shannon y a mí durante nuestra relación de cortejo y compromiso. El primero es este:

Durante el cortejo, proteger la pureza del otro y abstenerse de la intimidad sexual, son los actos de verdadero trato sexual.

El hombre y la mujer cristianos que están enamorados, tienen que definir antes del matrimonio lo que significa el verdadero trato sexual. Deben estar de acuerdo en que la intimidad sexual antes del matrimonio es una gran *falta de cariño*. Tienen que renovar su entendimiento para que ambos puedan ver que el no violar su futuro lecho matrimonial, es una verdadera expresión de amor.

¿Quieres ser romántico con la persona que estás cortejando? ¿Quieres demostrar la pasión que sientes con algo más que palabras? Entonces, protégete de no pecar, pelea contra la lujuria y rehúsa estimularlo sexualmente, esta es la única forma de trato sexual permitida por Dios durante el cortejo y el compromiso.

Comencé este capítulo con la historia de mi tentación en la hamaca. Alejarme de Shannon aquel verano, fue la manera verdadera de mostrar mi amor por ella. Yo no estaba negando la realidad de mi amor o de mi deseo sexual por ella; al someterlo a Dios lo estaba aumentando y purificando. Y ella apreció lo que hice. Aunque parte de su corazón deseaba que yo me quedara a su lado, ella percibió mi amor hacia ella al darle la espalda a la tentación.

"En esto hemos conocido el amor, en que él puso su vida por nosotros; también nosotros debemos poner nuestras vidas por los hermanos" (1 Juan 3:16 RV60). Antes del matrimonio, dos amigos que aún no son novios pueden demostrar su amor al poner a un lado sus propios deseos sexuales, y proteger la pureza del otro.

Aprende a reconocer el verdadero afecto

Aprender a reconocer el verdadero afecto podría ser difícil, especialmente si has aprendido a considerar el sexo como un equivalente del amor. Sonia tenía tres años de edad cuando su padre dejó a su mamá. Ella creció buscando amor en brazos de diferentes novios. Nunca lo encontró, porque confundió la participación física con el verdadero afecto. Cuando se convirtió en una creyente, trajo sus antiguas percepciones a su relación con Zachary. Y a pesar de que Zachary la amaba profundamente, ella comenzó a dudar del mismo, sólo porque él no había intentado acostarse con ella. "Era una forma peculiarmente errada de pensar", dice ella. "Por fin había encontrado un chico que realmente me amaba, y no sentía su amor porque él no había intentado usarme como lo habían hecho mis otros novios".

Requirió mucha comunicación, oración y liderazgo humilde por parte de Zachary, para que Sonia pudiera cambiar su forma de pensar. Finalmente, ella reconoció que la ausencia de una relación física no era indicio de falta de amor, sino evidencia del mismo. Ella también tuvo que lidiar con el patrón que había sido profundamente implantado, de acudir a los hombres en vez de a su Padre celestial, en busca de consuelo y confianza.

En una relación, es importante que ninguno de los dos intente poner a prueba las convicciones del otro, ni tiente a la otra persona a violar sus normas. Motivada por un deseo pecaminoso sexual de poner a prueba su propio poder de seducción, y el dominio propio de su prometido, Becky se esmeraba por hacer pequeñas cosas que incitaban su deseo por ella. En una ocasión, lo recibió en su departamento vistiendo escasos pantalones cortos y una diminuta camiseta sin ajustador.

Continuamente Brad procuraba desarmar a su novia Allison, con peticiones de "un besito más", a pesar de haber decidido reservar los besos para el compromiso. Nunca debemos esperar que la otra persona sea más fuerte, y forzarla a llevar todo el peso de la tentación. ¡Qué gran falta de cariño! Ambos, Becky y Brad, estaban siendo egoístas. Se olvidaron de que antes del matrimonio, el verdadero amor se expresa a través de protegerse y abstenerse.

Evita hacer tratos

Un aspecto esencial de la planificación para el sexo puro durante el cortejo y el compromiso, es, llegar a comprender la mentira de la lujuria. El siguiente principio podría darte una ventaja en su contra:

La lujuria nunca se satisface.

La lujuria desea que creamos que nos puede hacer feliz. Si sólo le damos lo que desea, dejará de molestarnos y quedará satisfecha. No le hagas caso. La lujuria nunca se satisface. No puedes hacer tratos con ella y esperar salir como un vencedor. La lujuria es un secuestrador del sexo. Quiere entrenar tus deseos para que se deleiten en lo emocionante de lo prohibido, y que así pierdas tu deseo piadoso por lo que es bueno.

Ray y Angelina tuvieron relaciones sexuales durante el noveno mes de su compromiso. ¿Cómo podría ser malo si se sintieron tan bien? "Fue increíble. Entre nosotros había una pasión animal", dice Ray. Ambos justificaron su fornicación diciendo que el sexo "electrizante" entre ellos confirmaba que debían casarse. Y supusieron que la práctica adicional en la cama sólo les serviría de ayuda en su futuro como pareja. Estaban equivocados. Hicieron un trato con la lujuria, y perdieron.

Un año y medio después de su boda, el fuego había desaparecido de su relación sexual. Tristemente, regresaron a la mesa de negociaciones con la lujuria. Comenzaron a alquilar películas pornográficas con el fin de "realzar" su nivel de pasión. No les funcionó. Mientras más inflamados estaban por la lujuria, menos satisfacción sentían. Ahora Ray está comenzando a ver pornografía en la Internet, y mira con deseos sexuales a las mujeres en su trabajo. Nuevamente la lujuria le está diciendo que "lo que verdaderamente necesita", es algo que no tiene.

¿Es la historia de Ray y Angelina una prueba de que el matrimonio arruina el sexo? No. Es sólo otro ejemplo de cómo la *lujuria* arruina el sexo. Durante su compromiso, ellos aprendieron a deleitarse en lo que estaba fuera de los límites establecidos. No estaban siendo impulsados por la pasión de la buena calidad del sexo puro; la pasión estaba siendo alimentada por la pecaminosa emoción de la lujuria. Cuando se casaron, y el sexo se convirtió en algo bueno y puro, ya no tenían apetito por el mismo.

No hagas tratos con la lujuria. Mátala. No pases la temporada del cortejo cediendo a ella —en tu mente o en tus acciones— y aprendiendo a deleitarte en el pecado en vez de en la justicia. Una vez que lo haces, nunca podrás encontrar verdadera satisfacción

Cuando la fantasía va demasiado lejos

Durante el cortejo y especialmente durante el compromiso, es tentador comenzar a tener fantasías de hacer el amor con tu futuro cónyuge. Ten cuidado que la anticipación alegre y centrada en Dios, no se convierta en lujuria descontrolada. Aunque no es fácil, debes proteger tu corazón. Nunca está correcto tener fantasías sobre la inmoralidad sexual, y es muy fácil ir de "imaginarse la noche de bodas" a las fantasías pecaminosas.

Durante nuestro compromiso, fue durante las mañanas cuando sostuve la mayor lucha con los pensamientos sexuales sobre Shannon. Siempre me sucedía cuando despertaba. Si me quedaba acostado en la cama unos cinco minutos adicionales y soñaba que algún día estaría despertando a su lado, la lujuria a menudo lograba su cometido, si no lo hacía al momento, lo hacía más tarde en la manera como la trataba cuando estábamos juntos. A pesar de fallar a menudo, yo estaba comprometido por la gracia de Dios a batallar en contra de la lujuria. Yo sabía que en el momento que dejara de luchar en contra de mi naturaleza pecaminosa y que comenzara a creer las mentiras de la lujuria, estaría perdido.

Por tal razón, daba un brinco de la cama y clamaba a Dios por su gracia en mis momentos de mayor debilidad. Y es por eso que rendía cuentas a mi compañero de habitación, Andrés, y a mi pastor respecto a mi vida y pensamientos. Cuando a mi mente se asomaban los pensamientos sexuales sobre Shannon, yo dedicaba toda mi atención en darle gracias a Dios por lo que el futuro nos tenía reservado, y solicitar su ayuda para ser fuerte y paciente mientras llegaba ese momento.

Líneas amarillas

La realidad del pecado que mora en nosotros y el engaño de la lujuria, es la razón por la que el siguiente principio es tan importante. Para batallar y evitar el pecado sexual, necesitamos tener un plan. Este principio nos ayuda a conectar nuestras convicciones con nuestras acciones.

Líneas de guía específicamente diseñadas para tu relación nunca podrán reemplazar la humilde dependencia del Espíritu Santo, pero sí pueden reforzar tus convicciones bíblicas.

Cada pareja necesita escudriñar las Escrituras y producir sus propias líneas de guía específicas, respecto a lo que harán y no harán en su relación física. Tales guías nunca deben convertirse en un reemplazo para la oración y la constante dependencia en el Espíritu Santo. Sino que, ellas deben ser reconocidas como la expresión de un profundo deseo por agradar y obedecer a Dios. Una definición vaga de la justicia, muy pronto lleva a la transigencia.

Las líneas de guía que tú y tu novia o novio produzcan, son similares a las líneas amarillas que dividen una carretera. ¿Pueden éstas evitar que pequemos? No. ¿Invalidan éstas la importancia de evaluar cuidadosamente tu corazón y tus motivaciones? En lo absoluto. Pero siguen siendo importantes. Necesitamos las líneas amarillas en una carretera, aun cuando éstas no puedan evitar que un auto invada el carril contrario y se produzca un choque de frente. Aunque estas líneas no pueden detener al chofer que quiere ignorarlas, sí son de ayuda para los conductores que desean evitar el peligro.

El asunto importante que debemos entender es este: No podemos comenzar creando nuestras propias líneas de guía. Nuestro punto de partida debe ser un profundo deseo de honrar a Dios con nuestros cuerpos, y servirnos mutuamente. Pablo estaba en lo cierto cuando dijo que hacer reglas por amor a las reglas, y las reglas que se originan de las tradiciones y que glorifican la piedad humana "no tienen valor alguno contra los apetitos de la carne" (Colosenses 2:23 RV60). Sólo el poder del Espíritu Santo obrando en nosotros nos puede cambiar. Sólo por su gracia es que podemos aprender a rechazar la impiedad (Tito 2:12).

Pero es aquí precisamente donde muchas personas interpretan mal y aplican erróneamente este pasaje. Un aspecto importante de recibir y aplicar la gracia de Dios en nuestras vidas, es establecer comportamientos que huyan de la tentación, y hagan morir el pecado. Esto involucra establecer líneas de guía —sí, reglas— que nos ayuden. Estas reglas no son nuestra esperanza, no te hacen merecer más amor por parte de Dios, y no se supone que sean nuestro punto de partida; pero sí pueden ayudarnos a poner nuestras convicciones en acción.

Nuestras líneas de guía

Después de nuestra "siesta" en la hamaca, reconocí que Shannon y yo necesitábamos reglas más específicas y estrictas respecto a nuestra relación física. Es cierto que ambos rendíamos cuenta a ciertos amigos, pero en realidad no habíamos sido detallistas en cuanto a lo que para nosotros significaba ser obedientes. Hasta el momento todo era muy subjetivo. "¿Y cómo marcha la relación?" me preguntaban mis padres. "Pues, creo que todo marcha bien... supongo", decía yo, tratando de recordar si me sentía culpable por algo que hubiese ocurrido recientemente. Al considerar los cuatro meses que aún faltaban para la celebración de nuestra boda, supe que sería cada vez más difícil mantenernos firmes en nuestras convicciones.

Permíteme compartir contigo algunas de las directrices que establecimos como pareja. Tú también tendrás que desarrollar tus propias convicciones y líneas de guía basadas en las Escrituras. Ustedes seguramente tendrán puntos fuertes y débiles que son diferentes de los nuestros. Lo que deseo ilustrar es la importancia de ser explícito.

1. Evitaremos las caricias. Para nosotros esto incluye:
- masajes en la espalda, cuello o brazos;
- acariciar el rostro del otro;
- jugar con el cabello del otro;
- rascar los brazos o la espalda.

2. Evitar los "abrazos" amorosos. Para nosotros esto incluye:
- mientras estamos sentados en un sofá viendo una película;
- recostarse o descansar sobre la otra persona;
- acostarse al lado del otro;
- lucha libre de carácter juguetón.

3. Protegeremos nuestro corazón y meditación. Para nosotros esto incluye:
- evitar hablar sobre nuestra futura relación física;
- evitar pensar en lo que ahora sería pecaminoso;
- evitar leer prematuramente material relacionado con la intimidad sexual dentro del matrimonio.

4. Evitaremos estar juntos demasiado tiempo innecesario hasta largas horas de la noche.

Somos más vulnerables cuando estamos cansados. Aun cuando no haya hecho ninguna concesión, por favor, pregunta si estamos pasando demasiado tiempo juntos de noche.

5. Durante esta temporada, las expresiones físicas que consideramos apropiadas incluyen:

- tomarnos de la mano;
- que Josh eche su brazo sobre el hombro de Shannon;
- breves abrazos "de lado".

6. Estas guías son "barreras" que nos mantienen alejados de una violación de los mandamientos divinos.

Nuestra primordial preocupación es la dirección e intención de nuestros corazones. Aun cuando estemos cumpliendo con el más mínimo detalle, indaga por favor si alguna acción o actividad está activando deseos inapropiados o despertando el amor antes de tiempo.

Al volver a leer estas guías, no puedo dejar de sonreír. Son extremadamente detalladas. Pero durante esta temporada única en nuestra relación, era precisamente lo que necesitábamos para mantenernos firmes en nuestras convicciones. Y aunque fue un poco embarazoso, les dimos una copia de estas guías a mis padres, a mi pastor y su esposa, a otra pareja de casados con quienes teníamos confianza, a mi mejor amigo, y a tres compañeras de cuarto de Shannon. No había espacio alguno para transigir. Queríamos que todos los que formaban parte de nuestras vidas, conocieran nuestras normas, y nos ayudaran a cumplirlas. Y así lo hicieron. ¡Las compañeras de Shannon pegaron las guías en la puerta de su refrigerador!

Permíteme decirlo otra vez: Mi meta al compartir estas líneas de guía no es que las adoptes. Probablemente puedas cumplir con algunas de estas cosas con tu conciencia clara delante de Dios. No importa cuáles guías desarrolles, éstas deben ser producto de la enseñanza de las Escrituras, y de un sincero sentir de convicción para que puedas cumplirlas con alegría.

Te animo que dediques tiempo a "pintar líneas amarillas" para tu relación. No las necesitas cuando te sientes fuerte y espiritualmente definido; las vas a necesitar en aquellas ocasiones cuando tu resistencia es débil y tu sentido de convicción ha disminuido. En tales momentos de debilidad, no es bueno comenzar a decidir lo que debes o no debes hacer. Si tu decisión la tomas en tal momento de debilidad, ciertamente comprometerás tus convicciones.

La gran importancia de las cosas insignificantes

¿Entonces, cómo decides lo que haces o no haces en tu relación física antes del matrimonio? El próximo principio puede ayudarte a formular tus propias normas:

Mientras más larga sea tu lista de "cosas insignificantes" antes del matrimonio, más corta será tu lista de "cosas muy especiales" después del matrimonio.

Este principio nos recuerda que debemos basar nuestras decisiones respecto a lo que hacemos y no hacemos en nuestra relación física, en un deseo de llevar al máximo la alegría y el placer del sexo dentro del matrimonio.

Muchas parejas pasan todo el tiempo de sus citas amorosas y relación de cortejo convenciéndose a sí mismas de que cosas como los besos y las caricias sexuales son "cosas insignificantes". Y cuando por fin llegan al lecho matrimonial, queda muy poco que pueda ser considerado como *único* y *especial*. ¡Ellos son los que salen perdiendo!

Ya les he mencionado que Shannon y yo decidimos esperar hasta el día de la boda para disfrutar de nuestro primer beso. Este es otro ejemplo de una acción externa que es insignificante, a menos que esté respaldada por un profundo deseo de glorificar a Dios y de servir a la otra persona. No recomiendo que las parejas hagan este u algún otro compromiso sólo con el fin de sentirse moralmente superiores a los demás. Tampoco creo que esta debe ser la "prueba" de las verdaderas relaciones piadosas. Como ya les he dicho, yo pequé más en mi corazón sin haber besado a Shannon, que muchos de los chicos que sí besaron a sus novias. El asunto más importante es la motivación de nuestro corazón delante de Dios.

Pero, permíteme decirte por qué razón Shannon y yo decidimos hacer de los besos "algo especial". Primero, ambos estuvimos involucrados en relaciones previas en las cuales habíamos besado a otras personas. Sabíamos cuán insignificante esto podía ser aparte del verdadero amor. Queríamos "redimir" los besos, si me permiten así decirlo, y convertirlos en un privilegio de la vida matrimonial. Segundo, entendíamos la naturaleza progresiva de la participación sexual. Una vez que comienzas con el "besuqueo", deseas proceder al próximo paso. Ninguno de los dos quería comenzar algo que no pudiésemos terminar. Cuando los labios de un hombre y una mujer se encuentran, y sus lenguas penetran la boca del otro, el proceso de llegar a ser uno solo ha comenzado.

Es un paquete

Otra forma de decirlo es que nuestra manera de ver los besos es como parte del paquete completo de la unión sexual. Y en ningún momento quisimos analizar minuciosamente el acto sexual por etapas, con el fin de justificar el hecho de disfrutar más y más el trato sexual fuera del matrimonio.

Muchas parejas cristianas viven bajo la convicción de que el sexo debe reservarse para el matrimonio. Pero desgraciadamente, todo lo que esto significa es que ambos están dejando el coito para el matrimonio. ¿Puedes ver cuán ridículo es esto? El sexo es mucho más que el simple acto de penetración sexual. John White lo expresa de la siguiente manera: "Definir coito en términos de penetración y orgasmo tiene tanto significado moral y posee tanta dificultad lógica como tratar de definir una barba basándose en el número de cabellos en un mentón". White continúa demostrando cuán necio es tratar de dividir en etapas la pasión del trato sexual:

> Sé que los expertos solían hacer distinción entre las caricias amorosas "livianas" y las "pesadas", y entre las caricias "pesadas" y la penetración sexual, pero, ¿existe acaso alguna diferencia moral entre dos personas desnudas que en una cama que se acarician hasta lograr el orgasmo, y otras dos que practican el coito? ¿Es acaso uno de estos actos una fracción de onza menos pecaminosa que el otro?
>
> ¿Será que es mucho más justo acariciarse sexualmente mientras uno está vestido? Y de ser así, ¿cuál será peor? ¿Será peor acariciarse sexualmente sin ropa, o tener coito con ropa?
>
> Podrían acusarme de ser ordinario. Pero lejos estoy de serlo. Si continuamos con este mismo argumento, podremos ver que un método de abordar la moralidad del sexo premarital que esté basada en los detalles del comportamiento (besarse, vestirse o desvestirse, tocar, abrazar, mirar), y en las partes del cuerpo (dedos, cabello, brazos, senos, órganos genitales) podría satisfacer solamente a un fariseo. Una mirada puede ser tan sensual como un toque, y un dedo que ligeramente toca una mejilla, tan erótico como la penetración sexual.

En un perspicaz artículo titulado "(No) Bésame", la autora Bethany Torode señala que el problema entre muchos cristianos es que "no reconocemos la intimidad sexual como un paquete completo".

Bethany comparte sus propias convicciones sobre los besos, y extiende un reto a los cristianos a considerar el profundo significado de algo que muchos de nosotros hemos aprendido a tratar con indiferencia. Bethany escribe lo siguiente:

Soy estudiante de segundo año universitario con labios vírgenes. Varios meses atrás, cuando cumplí los 16 años de edad, juré mantener mi "lazo" cerrado hasta que un hombre prometa hacer un compromiso por el paquete completo. Mi primer beso vendrá de mi esposo, el día de mi boda. Sí, es una increíble progresión, de un inexperto beso en el altar hasta la desenvoltura completa de la noche de bodas, y créanme, mis amigos ya me lo han señalado. Pero lo cierto es que, Adán y Eva, se las ingeniaron sin ningún problema.

Lo que Bethany y muchos otros creyentes están reconociendo es que al considerar una relación física, "el principio y el final de la pasión son inseparables". Nosotros somos los que salimos perdiendo cuando convertimos cualquier otro tipo de intimidad física en "algo insignificante". Aun nuestros besos deberían estar al corriente del deseo primordial de glorificar a Dios y de ser cautivados por el sexo dentro del matrimonio. Bethany continúa diciendo:

Nunca ha sido la intención de Dios que la temporada de compromiso sea un tiempo para experimentar físicamente, para dar una miradita rápida a lo que hay debajo de la envoltura. Besar —que muy pronto se convierte en algo apasionado cuando uno está enamorado— porta la corriente necesaria para encender un fuego. En el Antiguo Testamento, la palabra hebrea que se usaba para *beso* es (nashaq), la cual se deriva de la raíz primaria que significa "encender". Yo no deseo abrir la cajita de cerillos. ¿Por qué precalentar el horno cuando no puedes cocinar el asado?", es como Doug Wilson describe este asunto en el libro titulado *Su mano en matrimonio*.

Podemos ver cómo se refleja esta verdad en escritos desde las Escrituras hasta la literatura que ha durado por siglos. En Cantar de los Cantares 4:8, dice que no debes despertar el amor hasta el tiempo adecuado. En las historias de hadas, La Bella Durmiente y Blanca Nieve, encontramos un profundo significado simbólico: Un beso es (y debe ser) un despertar. Quiero proteger a mi prometida; quiero que en cuanto a mi persona se refiere, continúe dormida, hasta que seamos uno ante Dios. Existen otras formas de mostrar afecto, sin avivar la pasión.

¿Podrías besar para glorificar a Dios antes del matrimonio? Estoy seguro que de hay muchas parejas que sí pueden hacerlo. Pero si reconoces que no puedes hacerlo, entonces debes estar dispuesto a abstenerte. Debes preguntarte: "¿Por qué es tan importante para mí que nos estemos besando ahora? ¿Acaso me estará engañando mi pecaminoso corazón? ¿Estoy siendo motivado por la lujuria?" Lo que más importa es nuestra motivación, y el fruto de nuestras acciones.

Aun las estrellas pornográficas establecen reglas

Te animo a que conviertas tantos aspectos de tu relación física como sea posible, en aspectos preciosos y grandemente valiosos del matrimonio. En cierta ocasión, leí un artículo de periódico el cual citaba a una mujer que había protagonizado muchas películas pornográficas. Sorprendentemente, esta mujer había estipulado en su contrato que ella nunca tendría que besar al actor con el cual tenía relaciones sexuales ante las cámaras. ¿Por qué razón, una mujer que entrega su cuerpo a todo tipo de perversión sexual se preocupa tanto por un beso? Su respuesta fue que el beso, era una de las pocas cosas íntimas y preciosas que ella podía reservar exclusivamente para su novio.

Yo quería llorar cuando leí tal cosa. Pensé en todos los hombres y mujeres que quedaron asombrados, y hasta se ofendieron por mi decisión de no besar a mi esposa hasta que no estuviéramos casados. "¡Los besos son una insignificancia!" es algo que he escuchado una y otra vez. ¿Entonces, quién tiene la razón? ¿La tendrán ellos, o la estrella del cine pornográfico? Creo que ambos están equivocados. No podemos decir que ciertas partes de la intimidad sexual son significativas, y que otras son insignificantes —¡*todo* es precioso! Es tan ridículo decir: "¡Pero sólo es un beso!" como lo es decir: "¡Pero sólo es penetración!" Ambas forman parte del asombroso y misterioso regalo del sexo, que fue creado por Dios para que los esposos y las esposas llegaran a ser "una sola carne". ¡Comencemos a considerarlo todo como precioso!

Bueno en la cama

El temor que muchas personas tienen respecto a no tener una relación física antes del matrimonio, es que en su luna de miel su comportamiento será torpe e inexperto. ¿Saben una cosa? No hay nada de malo con ser torpe e inexperto. Significa que necesitas dedicarle mucho tiempo a la práctica después de la boda.

Recibí un mensaje vía correo electrónico de una chica llamada Rita, la cual estaba muy preocupada por mi decisión de no besar a Shannon hasta el día de nuestra boda. Ella había dialogado con una amiga, quien le dijo que no tener ningún tipo de interacción sexual antes del matrimonio, podría crear efectos dañinos en nuestra vida sexual. Shannon se sentiría como que la estaban violando, y que yo no iba a poder activar mi deseo sexual después de haberlo mantenido bajo control por tanto tiempo. (De hecho, ninguno resultó ser un problema.)

Le contesté a Rita diciéndole que la transición que una pareja hace, entre la carencia de contacto físico y la plena consumación es importante, pero que el mismo debe llevarse a cabo después del matrimonio, y no antes. No existe una regla donde dice que los recién casados tienen que tener relaciones sexuales su primera noche juntos. Pueden tomar su tiempo y entrar en calor poco a poco. Pueden tomar todo el tiempo que deseen para acostumbrarse a los besos y las caricias del otro. Pueden proceder con cautela mientras se acostumbran a estar desnudos juntos. No es necesario consumar el acto sexual inmediatamente. (Aunque he conocido pocas parejas que han tenido problemas en sentirse listos rápidamente.)

El punto es que el enfoque para ambas personas (especialmente el hombre), debe estar en servir al cónyuge, y no demandar gratificación. Parte de la hermosura de un matrimonio cristiano entre dos que nunca se han conocido sexualmente, es el proceso de descubrimiento y la mutua experiencia de aprendizaje. "Yo no pretendo ser un 'experto en la cama' cuando me case", le dije a la chica que me escribió. Y esa no debería ser la meta de nadie. Nuestra preocupación primordial como cristianos, debe ser la pureza ante Dios, y no ser expertos amantes cuando lleguemos al matrimonio.

El mundo ha convertido el sexo en un deporte al cual hay que evaluar y otorgarle una puntuación, igual que si fuera patinaje sobre hielo. Lo que le falta en amor verdadero, se reemplaza con una obsesión por la ejecución. ¡Qué triste reemplazo! ¿A quién le importa si tú o tu compañero logra experimentar el "máximo de los orgasmos", si ninguno de los dos se ama verdaderamente?

Uno de los mejores regalos que puedes obsequiarle a tu futuro esposo o esposa es, la seguridad de que no tienen que comportarse como expertos durante la luna de miel. Qué maravillosa oportunidad tienen ambos de confiar juntos en Dios, y decirle a Él: "Señor, creemos que eres bueno, y que tu plan respecto al sexo es el mejor. Confiamos tanto en ti, que estamos dispuestos a llegar a nuestra noche de bodas como principiantes. Sin práctica, sin experiencia, pero con el deseo de aprender y regocijarnos en los nuevos descubrimientos que haremos".

¿Pero seremos compatibles? Si ambos se aman, y están dispuestos a aprender y a responder tiernamente a los deseos de tu cónyuge, sí, lo serán. Sólo el egoísmo y el pecado hacen que dos personas sean sexualmente incompatibles.

Los mejores regalos matrimoniales

El verdadero amor planifica. ¿En realidad se quieren el uno al otro? Entonces, pasen la temporada de su cortejo almacenando pasión, y planificando para una vida sexual que glorifique a Dios. Lo más importante que puedes hacer durante este tiempo es aprender a pensar bíblicamente sobre el sexo, aprender a amar el plan establecido por Dios, y a batallar en contra de la lujuria y la impaciencia que moran en ti; las cuales intentarán destruir tal plan.

El esfuerzo será muy bien recompensado. Cada vez que sientan que se están *negando* ciertos placeres, en realidad lo que están haciendo es *bendiciéndose* mutuamente. Cada vez que te alejes de la tentación y rehúses echarle carbón prematuramente a las llamas de la pasión, te estarás obsequiando a ti mismo los mejores regalos que has de recibir el día de tu boda, regalos de confianza, respeto y continua pasión.

Tercera **parte**

Antes que digas: "Sí, lo prometo"

Capítulo **diez**

Cuando el pasado toca a tu puerta

Cómo enfrentar el pecado sexual
en tu pasado y experimentar el perdón de Dios

El pasado. Qué cosa tan extraña, ¿no te parece? Tanto de lo que deseas recordar se desvanece como un sueño. Pero, ¿y lo que no deseas recordar? ¡Ah! Eso sí que continúa rondando por una eternidad. Los recuerdos y la culpa de pecados pasados te persiguen. Y cuando parece ser que por fin logras esquivarlos, de pronto tocan a tu puerta con el único fin de recordar, reprochar y acusar.

El pasado tocó a la puerta de Shannon tan pronto comenzamos nuestra relación. Y aunque desde su conversión tres años atrás, había vivido una vida de castidad, enfrentó muchos resentimientos sobre decisiones que había tomado antes de su conversión. Ella perdió su virginidad a los catorce años de edad. A lo largo de sus estudios superiores y universitarios, casi nunca estuvo sin un novio. Vivía sólo para el placer que el momento le brindaba. Era descuidada, y hasta temeraria. *Al final de todo*, pensó ella a menudo, *nadie te habla sobre el dolor y el remordimiento*. Si sólo hubiera estado al tanto de las consecuencias de sus muchas decisiones. Si sólo hubiera sabido cuán irremediable es la pérdida de la inocencia.

Y ahora, el momento que tanto había temido había llegado. Tendría que mirarme fijamente a los ojos y expresar lo que ella sabía serían palabras cortantes. "Prepara el corazón de Josh para lo que necesito decirle", le rogó a Dios en su diario. "Señor, si él decide que no podrá hacerme su esposa, ayúdame a recordar que tú eres mi roca y mi fortaleza. Mi pasado te pertenece".

Sus ojos estaban llenos de tristeza la noche cuando me informó que necesitábamos dialogar sobre lo que ella describió como "malos asuntos".

"¿Podemos dialogar ahora?", pregunté.

"No", dijo ella. "Esperemos hasta mañana".

La noche siguiente fui a buscarla, y viajamos en auto hasta un excéntrico restaurante en Bethesda llamado Time Square. En las paredes había vegetales pintados en brillantes colores, y el pan lo servían en tiestos de flores. Cualquier otra noche hubiésemos disfrutado del singular ambiente, pero en esta ocasión, la tristeza inundaba nuestros corazones.

"Quiero que sepas", comenzó a decir ella, "que si después de escuchar lo que tengo que decir deseas terminar nuestra relación, no te culparé".

"Shannon..."

"No, lo que te digo es en serio", dijo ella. Una lágrima rodó por su nariz. Ambos estábamos callados. Los alimentos llegaron, pero casi no nos percatamos de ello. Cuando la mesera regresó para ver si todo estaba bien con la comida, levantó ambas cejas al ver que no habíamos tocado los alimentos, y percibiendo nuestra necesidad de estar a solas, se alejó.

La arrugada servilleta de Shannon, yacía sobre la mesa empapada en lágrimas. Ella abrió la boca intentando hablar nuevamente, pero titubeó e inclinó el rostro. Sencillamente no lo podía soltar. La tarea era demasiado difícil. Las palabras eran insoportablemente pesadas, y se sentía débil.

"Lo siento", susurró.

"No te preocupes", dije yo. "No hay prisa".

Lo más triste y lo más feliz

Esa noche dejamos que el tiempo corriera. A la larga, fluyeron las palabras. Cuando Shannon me dijo que ella no era virgen, le aseguré que eso no cambiaría mis sentimientos hacia ella. Le dije que aunque yo nunca había tenido relaciones sexuales, en el pasado yo sí había transigido mi pureza con otras chicas. Esa noche yo también le pedí que me perdonara. Ambos lloramos.

Para nosotros, esa conversación fue el principio de un difícil andar en fe. Pero a través de todo, Dios nos sostuvo y nos fue guiando. Si estás enfrentando circunstancias similares, sé que Él puede hacer lo mismo por ti.

A pesar de que es doloroso, un aspecto importante de comenzar una nueva vida con la persona que amas, es lidiar con las consecuencias de decisiones tomadas en el pasado. Esto no significa que tienes que sacar a flote cada detalle, pero sí implica que tienes que enfrentar con honestidad el efecto que tu pasado pueda ejercer sobre tu futuro. Tal y como lo expresan de manera muy sabia los autores del libro *Preparing for Marriage* (Preparándonos para el matrimonio) "es mejor hablar la verdad antes del matrimonio, que tener que vivir con el temor, el engaño y la vergüenza que vienen como producto de esconderle la verdad a tu cónyuge".

A menos que seas honesto respecto al pecado en tu pasado, no podrás comprender los potenciales retos que has de enfrentar como resultado. Tampoco podrán establecerse firmemente en la sustentadora gracia de Dios.

Este capítulo trata sobre cómo es que la muerte de Jesús en la cruz nos permite confrontar nuestro futuro. Te ayudará a conocer *personalmente* el perdón de Dios, y a *extenderle* a otros el mismo perdón.

Y aunque en cierto modo, este es el capítulo más triste del libro, también es el más feliz. Trata con los quebrantadores efectos del pecado; pero, más importante aún, exalta el amor del Dios que nos redime —un Dios cuya gracia es mayor que cualquier cosa en nuestro pasado—. Y aunque las siguientes páginas te hagan revivir dolorosos recuerdos, mi meta es que puedas estar más consciente de la gracia de Dios que de tus propios pecados.

¿Por qué la cruz?

"¿Acaso he echado a perder el perfecto plan de Dios para mi vida?", fue la pregunta que escribió en una nota Blaire, una chica de diecinueve años. Después de un doloroso rompimiento, ella se rebeló amargamente en contra de Dios, y se acostó con un joven que ni conocía muy bien. Y ahora, agonizaba ante los resultados de su fornicación. Había hecho pedazos su sueño de llegar virgen a su noche de bodas, le había robado a su futuro esposo. ¿Querría un hombre piadoso estar con ella ahora?

"¡Me entregué a alguien que ni siquiera amaba!" Escribió ella. "¿Crees que Dios me quiere en su Reino? ¿Cómo podrá usar a alguien que es tan impuro? ¿Crees que todavía me ama, a pesar de que le he dado la espalda a Él, a mi familia y a todo lo que por años creí? ¿Será demasiado tarde para mí?"

¿Puedes identificarte con esta última pregunta de Blaire? ¿Llevas la carga del remordimiento por pecados que has cometido? ¿Te has preguntado en algún momento si verdaderamente Dios perdona? Y de hacerlo, ¿será un perdón sincero? o, ¿sospechará siempre de ti? ¿Te encuentras en un estado de libertad condicional de por vida? ¿Sostiene Dios tus pecados pasados sobre tu cabeza, listo para hacer llover juicio sobre tu vida ante el más mínimo error?

"Me arrepentí, y sé que la Biblia dice que he sido perdonado", me dijo un joven llamado Tony. "Pero a veces pienso que a causa de los pecados sexuales que cometí durante mis años universitarios, Dios me castiga dejándome soltero. Cada vez que un amigo se casa, siento como que me lo está restregando en la cara".

¿Es así como Dios actúa? No, no es así.

¿Perdona Dios a medias? No, no lo hace.

¿Acaso han sido condenados a una eterna posición de segunda clase dentro de la familia de Dios, todos aquellos que han pecado sexualmente? *¡Absolutamente no!*

Son muchos los cristianos que creen estas mentiras y viven bajo condenación, porque basan su comprensión del perdón en una idea equivocada de quién Dios es. El impedimento más grande para llegar a conocer el perdón de Dios es la ignorancia sobre su persona. Si nuestro conocimiento sobre el carácter de Dios es turbio e incierto, también lo será nuestra confianza en su perdón.

Lo cierto es que no es demasiado tarde para que cualquiera que esté listo para arrepentirse, sea perdonado (1 Juan 1:9). Dios está en el negocio de traer novedad a la vida de las personas (2 Corintios 5:17). Él desea darte esperanza y un futuro (Jeremías 29:11). Él desea que estés absolutamente seguro del amor que siente por ti. Y es por eso que te ordena contemplar la cruz.

El gran rescate

¿Qué tiene que ver la muerte de Cristo con el proceso de lidiar con el pecado sexual en nuestro pasado? ¿Cómo puede ayudarte una horripilante crucifixión que se llevó a cabo hace dos mil años, cuando los pecados sexuales de tu vida pasada tocan a tu puerta hoy?

La respuesta a esta pregunta es, que la cruz es el plan establecido por Dios para liberarte de la culpa y el castigo de los pecados pasados. En la cruz podemos apreciar ambos la profundidad de nuestra depravación, y la perfección del amor de Dios hacia nosotros. Allí podemos ver la terrible intensidad de la justa ira de Dios a causa del pecado, y su incomprensible misericordia y amor por los pecadores.

¿Por qué la cruz?

Porque los pecadores no tienen otra esperanza.

¿Por qué la cruz?

Porque es la prueba irrebatible de que sí podemos ser perdonados.

Examinémosla juntos. Y al acercarnos a ella, no supongas que ya conoces o entiendes lo que allí sucedió. Acércate a la cruz como si lo hicieras por primera vez. En el libro titulado *When God Weeps* (Cuando Dios llora), Steven Estes y Joni Eareckson Tada escriben el siguiente relato de la muerte de Cristo. Al leerlo, rehúsa permitir que tal escena te parezca familiar. Permite que la realidad de la misma te conmueva y quebrante tu corazón.

El rostro que Moisés había rogado ver —se le había prohibido ver— estaba violentamente ensangrentado (Éxodo 33:19-20). Las espinas que Dios había enviado para castigar la rebelión del mundo, ahora se enroscaban alrededor de sus propias cejas...

"¡Al suelo contigo!" Uno levanta el pesado mazo para hundir el clavo. Pero el corazón del soldado no deja de latir al sostener las manos del prisionero. Alguien debe sostener minuto a minuto la vida de este soldado, porque nadie posee tal poder en sí mismo. ¿Quién le suple aire a sus pulmones? ¿Quién le da energía a sus células? ¿Quién mantiene sus moléculas en orden? Sólo en el Hijo "todas las cosas subsisten" (Colosenses 1:17). Es por la voluntad de la víctima misma que el soldado continúa viviendo —él es quien concede que la existencia del guerrero continúe—. El hombre empuña el mazo con fuerza.

Y al dejar caer el mazo, el Hijo recuerda cómo fue que junto al Padre diseñó el nervio medio del antebrazo humano, y las sensaciones que el mismo era capaz de producir. El diseño demostró ser impecable; el comportamiento de los nervios es primoroso. "¡Y ahora hacia arriba!" Alzan la cruz. Dios queda expuesto en ropa interior ante todos, y casi sin poder respirar.

Pero tales dolores son un simple comienzo de lo terrible que aún está por llegar. Comienza a sentir una extraña sensación. En un momento dado, durante el transcurso del día, una ráfaga de un asqueroso mal olor sobrenatural se deja sentir; no cerca de su nariz, sino en su corazón. Se *siente* sucio. La maldad humana comienza a desplazarse sobre su inmaculado ser —el excremento viviente de nuestras almas—. Aquel a quien su Padre considera como la niña de sus ojos, comienza a pudrirse.

¡Su Padre! ¡Debe enfrentar a Su Padre en tal estado!

Desde el cielo, el Padre se levanta como león que ha sido alterado, sacude su melena, y ruge en contra del marchito remanente de un hombre que cuelga en una cruz. Nunca antes el Hijo había visto al Padre mirarlo de tal manera, ni tan siquiera había sentido el más mínimo soplo de su enfurecido aliento. Pero el rugir hace temblar al mundo invisible, y las tinieblas cubren lo que es el cielo visible. El Hijo no reconoce esos ojos.

"¡Hijo de Hombre! ¿Por qué te has comportado de tal manera? Has engañado, codiciado lujuriosamente, robado, chismeado, asesinado, envidiado, odiado, mentido. Has maldecido, robado, desperdiciado tus bienes, has sido glotón, fornicaste, desobedeciste, desfalcaste y blasfemaste. ¡Y las responsabilidades que has eludido, y los niños que has abandonado! ¿Quién jamás ha ignorado al pobre, y se ha comportado como un cobarde, y le ha restado importancia a mi nombre? ¿Alguna vez has usado tu lengua para ofender? Qué borracho tan miserable y santurrón; tú, que violas niños pequeños, vendes drogas que matan, viajas en pandillas con otros iguales que tú, y te burlas de tus padres. ¿Quién te dio la valentía para falsificar los resultados de unas elecciones, instigar revoluciones, torturar animales y adorar demonios? ¡Acaso no termina la lista! Romper la unidad familiar, violar vírgenes, actuar con presunción, ser un alcahuete, comprando el favor de los políticos, practicar la exhortación, grabar películas pornográficas, aceptar sobornos. Has incendiado edificios, perfeccionado tácticas terroristas, fundaste religiones falsas, participaste en el tráfico de esclavos, disfrutando cada bocado y jactándote al respecto. ¡Odio y desprecio cada una de estas cosas en ti! ¡La repugnancia que siento por todo lo relacionado contigo, me consume! ¿Acaso no sientes mi ira?"

Por supuesto que el Hijo es inocente. Él es la esencia de la perfecta inocencia. El Padre así lo reconoce. Pero entre ambos existe un acuerdo, y lo inconcebible ahora, debe llevarse a cabo. Jesús será tratado como si fuera personalmente responsable por cada pecado jamás cometido.

El Padre observa, mientras su más preciado tesoro, la misma imagen de su propio ser, se hunde en un mar de pecado. La ira de Jehová en contra de la humanidad, la cual ha sido almacenada a través de los siglos, explota en una sola dirección.

"¡Padre! ¡Padre! ¿Por qué me has desamparado?"

Pero el cielo, cierra sus oídos. El Hijo fija su mirada en Aquel que no puede —ni lo hará— venir en su ayuda o responder a su clamor.

La Trinidad así lo planeó. El Hijo lo sufrió. El Espíritu lo hizo posible. El Padre rechazó al Hijo a quien amaba. Jesús, el hombre —Dios de Nazaret— pereció. El Padre aceptó su sacrificio por el pecado, y quedó satisfecho. El Rescate se llevó a cabo.

No te alejes de esta escena demasiado rápido. Continúa observando.

El Rescate que aquí se llevó a cabo fue por ti. John Stott escribe lo siguiente al respecto: "Antes que comencemos a ver la cruz como algo que fue hecho a favor nuestro (llevarnos a la fe y a la adoración), debemos verlo como algo que fue hecho por no-sotros mismos (llevarnos al arrepentimiento)… Al enfrentarnos entonces a la cruz, podemos decirnos a nosotros mismos que '*Lo hice*'; 'mis pecados lo llevaron a la cruz,' y '*Él lo hizo*; su amor lo llevó a la cruz".

¿Pudiste ver tus propias ofensas en la lista de pecados que hicieron necesaria la Cruz? Si no las viste, entonces tú mismo puedes añadirlas. Ponle nombre a tu pecado más oscuro. Y entonces medita sobre el hecho de que Cristo sufrió en la cruz el castigo por ese mismo pecado. Él llevó sobre sí el castigo que merecías. ¿Sientes su amor, específico y apasionado por ti? Él murió en tu lugar. Él fue condenado y declarado maldito con tal de que puedas ser libre, Él fue rechazado por Dios con tal de que tú nunca lo seas (Hebreos 13:5).

Y, eso es lo que la muerte de Jesús sobre una cruz tiene que ver con nuestros pecados sexuales del pasado, *hoy y ahora mismo*.

Lo que no funciona

Antes de poder recibir la gracia y el perdón que se nos ha otorgado a través de la muerte expiatoria de Cristo, tenemos que renunciar a todos los medios errados de vivir y pensar que muchos de nosotros hemos adoptado maneras erradas de lidiar con el pecado aparte de la Cruz.

Vamos a examinar los tres medios errados e inefectivos que usa el ser humano para lidiar con pecados pasados, y comparar estos con el medio tan notablemente diferente que fue revelado por Dios en el Calvario.

1. Minimizar el pecado

El ser humano intenta minimizar el pecado. Procuramos escapar de la culpa al pretender que lo que hemos hecho, en realidad no es tan malo. Cambiamos nuestra moralidad para que se adapte a nuestro comportamiento. No le damos al pecado la importancia y

el peso que merece, y nunca lo llamamos por su verdadero nombre.
En vez de eso, decimos que de jóvenes éramos "atrevidos". La culpa de nuestras acciones se las atribuimos a nuestras inexplicables e
inadvertidas "hormonas". Nos convencemos a nosotros mismos de
que el pecado no es un asunto tan serio. A pesar de todo, "sólo somos humanos".

Pero la cruz declara que el pecado *sí es un asunto serio.* Dios
nunca le resta importancia. El pecado sexual es el abuso de nuestros cuerpos, los cuales fueron creados a Su imagen —es alta trai-
ción en contra de nuestro todopoderoso Creador—. De hecho, es
un asunto tan importante que la única manera de poder lidiar con
él justamente, es que nosotros, los pecadores, pasemos una eternidad en el infierno, o que el Hijo de Dios reciba sobre sí todo el
peso de la ira de Dios, en nuestro lugar. La cruz demuestra que
nuestro pecado y culpabilidad no se pueden minimizar.

2. Pasar por alto la santidad

Otro medio errado que el ser humano usa para excusar su pecado
es, pasar por alto la santidad de Dios; suponer que Dios es tan tole-
rante con el pecado como lo somos nosotros. Esta actitud encuentra
su mayor aceptación entre "gente religiosa", que nunca rechaza-
rían a Dios *del todo,* pero que tampoco quieren ser estorbadas por
la idea de un juez justo, que es santo, y les hace un llamado a ser
santos (1 Pedro 1:15-16). En vez de eso, nos creamos un Dios a
nuestra propia imagen, y pretendemos que al igual que nosotros,
Él también está dispuesto a pasar por alto el pecado.

Nuevamente, la cruz contradice las creencias y actitudes
del ser humano. La misma, muestra que la santidad de Dios no
puede ser pasada por alto. La tortura y el sufrimiento que pade-
ció Cristo, demuestra cuánto odia Dios nuestro pecado. Dios dice:
"Estas cosas hiciste, y yo he callado; pensabas que de cierto sería
yo como tú; pero te reprenderé y las pondré delante de tus ojos"
(Salmo 50:21). Dios no es igual a nosotros. Él es santo. Y sus normas no han cambiado con el tiempo. Él no ha sucumbido a la

opinión popular, ni tampoco ha disminuido en Santidad. Él continúa siendo perfectamente santo. La cruz revela cuán santo Él es.

3. Vivir la vida de un santurrón

El tercer medio errado que usa el hombre ante el pecado, es la santurronería. Esto puede expresarse de varias maneras diferentes. Se puede apreciar en la vida de la persona que se asombra ante el hecho de haber pecado. "No puedo creer que hice tal cosa", dice él. ¿Por qué está tan sorprendido? Porque de cierto modo el santurrón, se ve a sí mismo como una persona que es *fundamentalmente buena*, en vez de *intrínsecamente mala*. La pena que siente a causa de su pecado no es por haber desobedecido a Dios, sino porque ha fracasado en vivir de acuerdo con la inflada opinión que tiene de sí mismo.

Esta actitud santurrona también se expresa en aquella persona que rehúsa aceptar el perdón de Dios. "Es que no puedo perdonarme a mí mismo", dice ella. "Quizá Dios pueda hacerlo, pero yo no puedo". Podría tener cierta apariencia de piedad, pero declaraciones como estas son en realidad una forma de orgullo invertido que dice: "Mis normas son más altas que las normas de Dios". En vez de reconocer humildemente que su pecado fue en contra de Dios, y que sólo Él lo puede limpiar, intenta convertirse en el salvador de su vida. Ella procura sufrir su propio castigo, pagar su propia penitencia revolcándose en la culpa y haciendo buenas obras, o simplemente añadiéndole al favor de Dios por medio de la obediencia.

Pero la Cruz, tal y como lo expresa John Stott, socava nuestra santurronería. Si tuviésemos alguna justicia propia, Dios no hubiera tenido necesidad de enviar a un Salvador y sustituto. El plan divino de salvación claramente nos revela una cosa: No tenemos *nada* que ver con el Gran Rescate. De hecho, nuestra única contribución es el pecado por el cual alguien tiene que pagar. Ningún hombre o mujer puede ganarse su propia salvación. Ningún ser humano nacido en pecado, tiene el poder de hacer rectificación.

No podemos pagar nuestra penitencia, no podemos hacer suficientes buenas obras, no le podemos añadir nada al favor divino a través de nuestra obediencia.

La cruz nos humilla. La única forma de recibir la debida justificación por parte de Dios, que nos permite estar y andar ante Él plenamente justificados, fue, transfiriendo nuestra culpa sobre Jesús, e imputando su perfección sobre nosotros.

Minimizar el pecado, pasar por alto la santidad de Dios, y vivir la vida de un santurrón, no sólo carecen de eficacia y sencillamente no funcionan; sino que también pueden destruir tu relación. Si en tu pasado hay pecados sexuales que debes confesar, minimizar este hecho, también le restará importancia al precioso regalo divino del sexo puro en el matrimonio. Si el pecado sexual no es un asunto de gran importancia, la pureza sexual tampoco lo será. De igual manera, pasar por alto la santidad de Dios expone tu matrimonio al desastre seguro. Si a Dios no le preocupa la infidelidad en tu pasado, ¿qué motivación tendrán ustedes dos para ser fieles después que estén casados? La santurronería también es un veneno. El matrimonio que no ha sido edificado al pie de la cruz, estará falto de gracia, misericordia y humildad, que se hace presente cuando ambos, el esposo y la esposa reconocen su necesidad de un salvador.

Transformados

Quizá estés pensando: "¿Acaso se supone que toda esta plática sobre la cruz y mi pecado, represente buenas noticias?" ¡Sí, así es! Cuando consideramos cuán verdaderamente horrenda es nuestra situación, el Gran Rescate se hace aun más increíble. Rebecca Pippert, cuenta una historia que ilustra el poder transformador de tener una comprensión adecuada respecto de la cruz:

"Varios años atrás, yo acababa de concluir mi participación en una conferencia, cuando se acercó a la plataforma una hermosa mujer. Obviamente, ella deseaba dialogar conmigo, y al instante que me viré hacia ella, sus ojos se inundaron de lágrimas. Nos dirigimos hacia una de las habitaciones donde pudimos hablar en privado. Con sólo mirarla, era muy obvio que era una persona muy sensible, pero atormentada. La mujer sollozaba mientras me relataba la siguiente historia.

Hacía algunos años, que ella y su prometido (con quien ahora estaba casada), habían estado trabajando como obreros entre los jóvenes en una iglesia grande muy conservadora. Eran una pareja muy reconocida, y su influencia sobre la juventud era extraordinaria. Todos los consideraban como un gran ejemplo y los admiraban tremendamente. Varios meses antes de la boda, comenzaron a tener relaciones sexuales. Este comportamiento impuso una inmensa carga sobre ellos, y un profundo sentir de culpa e hipocresía. Entonces ella descubrió que estaba embarazada. "No puedes imaginarte cuáles hubieran sido las implicaciones de admitir tal situación ante nuestra iglesia", dijo ella. "Confesar que estábamos predicando una cosa y viviendo otra, hubiera sido intolerable. La congregación era muy conservadora, y nunca había sido tocada por un solo escándalo. Ambos sentimos que ellos no podrían lidiar con el conocimiento de nuestra situación. Y nosotros tampoco hubiésemos podido lidiar con la humillación.

"Así que, tomamos la decisión más horrenda que he hecho en toda mi vida. Me hice un aborto. El día de mi boda resultó ser el peor día de mi vida. En la iglesia todos me sonreían, y en sus mentes yo era la novia que irradiaba inocencia. ¿Pero, sabes lo que pasaba por mi mente mientras desfilaba por el pasillo de la iglesia? Lo único que podía pensar era: 'Tú eres una asesina. Eres tan orgullosa que ni siquiera pudiste soportar la vergüenza y la humillación de mostrar quién eres en realidad. Pero yo si sé quién eres y Dios también lo sabe. Has asesinado a un inocente bebé".

Sus sollozos eran tan profundos que casi no podía hablar. Y al echar un brazo sobre ella, un fuerte pensamiento llegó a mi mente. Pero tuve miedo de expresarlo. Yo sabía que si no procedía de Dios, el mismo podía ser muy destructivo. Entonces oré pidiendo sabiduría para ayudar a esta joven mujer.

Ella continuó diciendo: "No puedo creer que hice algo tan espantoso. ¿Cómo pude haber asesinado una vida inocente? ¿Cómo es posible que haya hecho tal cosa? Amo a mi esposo; tenemos cuatro hermosos hijos. Sé que la Biblia dice que Dios perdona todos nuestros pecados. ¡Pero no puedo perdonarme a mí misma! He confesado este pecado de mil maneras, y todavía siento vergüenza y dolor. El pensamiento que me persigue es ¿cómo *pude* haber asesinado una vida inocente?"

Respiré profundamente y dije lo que había estado pensando. "No sé por qué estás tan sorprendida. Esta no es la primera vez que tu pecado ha resultado en la muerte de alguien; es la segunda vez". Ella me miró con asombro absoluto. "Mi querida amiga", continué diciendo, "cuando miramos la cruz, todos nos manifestamos como crucificadores. Religiosos y no religiosos, buenos o malos, los que abortan y los que no abortan; todos somos responsables por la muerte del único inocente que vivió. Jesús murió por todos nuestros pecados —pasado, presente y futuro. ¿Acaso piensas que tienes algún pecado por el cual Jesús no tuvo que morir? El mismo pecado del orgullo que te llevó a destruir a tu hijo, es lo que también mató a Cristo. No importa que no estuvieras allí presente hace dos mil años. Lutero dijo que llevamos en nuestros bolsillos los clavos con los que Él fue crucificado. Por lo tanto, si ya lo has hecho anteriormente ¿por qué entonces no lo haces otra vez?"

Ella dejó de llorar. Me miró fijamente a los ojos y dijo: "Tienes toda la razón. He hecho algo que es peor que asesinar a mi propio hijo. Mi pecado fue lo que llevó a Jesús a la cruz. No importa que yo no estuviera presente para clavarlo al madero, aún soy responsable de su muerte. ¿Entiendes Becky, el significado de lo que me estás diciendo? Yo vine a ti diciendo que había hecho la peor cosa que uno puede imaginar. Y tú me dices que he hecho algo que es muchísimo peor".

Hice una mueca asintiendo a tal verdad. (¡No estoy segura de que el medio que usé califica entre las grandes técnicas del asesoramiento!) Entonces ella dijo: "Pero Becky, si la cruz me demuestra que soy peor de lo que jamás pensé, también me demuestra que mi maldad ha sido absorbida y perdonada. Si lo peor que un ser humano puede hacer, es asesinar al Hijo de Dios, y *tal acción puede* ser perdonada, entonces, ¿cómo podría cualquier otra cosa —aun mi aborto— no ser perdonado?"

Nunca olvidaré la mirada que había reflejada en sus ojos al recostarse hacia atrás y expresar con calma y asombro: "Qué gracia tan increíble". En esta ocasión lloró, pero no de pena, sino de alivio y gratitud. Pude ver a una mujer que había sido literalmente trasformada por el adecuado entendimiento de la cruz.

Igual que la mujer de esta historia, también nosotros necesitamos escuchar las malas noticias que proceden de la cruz, antes que podamos recibir las buenas noticias. Y para pecadores como tú y como yo, las buenas noticias son demasiado grandes para poder digerirlas.

Vayamos a la práctica

Quiero mostrarte tres maravillosas, y muy prácticas, maneras de cómo puede verse afectada tu relación por una comprensión adecuada de la cruz.

1. Por causa de la cruz, puedes estar absolutamente seguro del amor que Dios siente por ti, y del completo perdón de tus pecados pasados.
La Biblia nos dice cuáles son los pasos que debemos tomar para recibir la gracia de Dios. Primero, debemos arrepentirnos de nuestro pecado, y pedirle a Él que nos perdone. Segundo, debemos creer por fe que Jesús murió en nuestro lugar y que resucitó.

Si ya has dado estos pasos, ¿sabes una cosa? Has sido perdonado. Se acabó. Primera de Juan 1:9 dice: "Si confesamos nuestros pecados, él es fiel y justo para perdonar nuestros pecados y limpiarnos de toda maldad". No hay un período de libertad condicional, ni un período de prueba. Es posible que en tu vida tengas que sufrir las continuas consecuencias a causa del pecado, pero no habrá castigo por parte de Dios. Cristo ha tomado sobre sí hasta la última gota de la ira de Dios.

Y su perdón es verdadero, aunque a veces no lo sientas. Recientemente ayudé a producir una serie de tres partes en video titulada *Searching for True Love* (En busca del verdadero amor). En la segunda grabación titulada *Pureza,* le pedí a mi amigo Travis que compartiera la historia sobre cómo él experimentó el perdón de Dios por su pecado sexual. La historia que humildemente compartió, resultó ser un convincente testimonio de cómo la cruz tiene poder para vencer sobre los sentimientos de condenación.

"Cuando me miro a mí mismo", dijo Travis, "me siento indudablemente abrumado ante mi propia indignidad. Pero cuando recuerdo lo que me dice la Palabra de Dios y recuerdo Sus promesas, que Él permanece fiel aun cuando yo he sido infiel, y que su misericordia y bondad no están basadas en lo que he hecho, sino en la justicia de Su Hijo, es cuando reconozco que la verdad sigue siendo verdad sea que yo lo sienta, o no. Y es entonces, cuando soy salvo de toda condenación".

Travis tiene que recordar *constantemente* las buenas noticias de la gracia de Dios. "A menudo soy tentado", confiesa él. "Miro a mi alrededor y veo los amigos que tengo, y a mi esposa, y pienso:

'Señor, no merezco tantas cosas.' Y Él me dice: 'No tiene que ver con nada que hayas hecho; fue mi Hijo quien lo hizo por ti'".

Ese es el corazón de las buenas nuevas que encontramos en la Biblia. Procura hablarte estas verdades a ti mismo cada día. Recibe el consuelo de las certeras palabras que Dios ha escrito para ti en las Escrituras:

Ahora, pues, ninguna condenación hay para los que están en Cristo Jesús. (Romanos 8:1)

Venid ahora, y razonemos —dice el SEÑOR— aunque vuestros pecados sean como la grana, como la nieve serán emblanquecidos; aunque sean rojos como el carmesí, como blanca lana quedarán. (Isaías 1:18)

No ha hecho con nosotros conforme a nuestras iniquidades, ni nos ha pagado conforme a nuestros pecados. Porque como la altura de los cielos sobre la tierra, engrandeció su misericordia sobre los que le temen. Cuanto está lejos el oriente del occidente, hizo alejar de nosotros nuestras rebeliones. (Salmo 103: 10-12)

A la luz de la cruz, las promesas de la Biblia asumen una novedosa brillantez, ¿verdad que sí? Ante el Señor, eres puro y sin mancha. Tu pecado ha sido removido a una distancia inmensurable —tan lejos como está el oriente del occidente.

Mi promesa favorita se encuentra en Isaías 43:25, donde Dios dice: "Yo, yo soy el que borro tus rebeliones por amor de mí mismo, y no me acordaré de tus pecados".

¡Medita en lo que dice este pasaje! De forma consciente, Dios escoge no recordar tu pasado. Jay Adams dice que esto significa que Dios *nunca* lo habrá de mencionar otra vez, *nunca* lo usará en tu contra, y *nunca* se lo ha de revelar a otra persona. Cuando te acerques a Él en oración, nunca te pondrá el sello de fornicario o

adúltero, Él no te ve como sucio e indigno de recibir su amor. Él te
ve revestido con la justicia de su Hijo. Por fe en la obra de Cristo en
la cruz, " podemos acercarnos sin temor a la presencia de Dios, seguros de que seremos bien recibidos" (Efesios 3:12, LBaD). "Y Dios
se regocijará en ti como novio con su esposa" (Isaías 62:5 LBaD).

Eres limpio. Has sido completamente perdonado. Tu pasado
no tiene reclamo alguno sobre ti, porque Dios te ha convertido en
nueva criatura. Nunca lo olvides. Nunca lo dudes. Y nunca dejes
de regocijarte en el milagro de la gracia de Dios.

*2. Por causa de la cruz, puedes confesarle a tu compañero los peca-
dos de tu pasado.*
No hay duda alguna, hablarle al hombre o a la mujer que amas
sobre los pecados sexuales de tu pasado, es algo difícil de hacer.
Quizá implique hasta tener que confesar alguna mentira que le
hayas dicho anteriormente. Quizá sea la causa de que él o ella te
rechace y termine la relación. ¿Cómo puede ser de ayuda la cruz?
La respuesta es, que coloca todas las cosas en perspectiva.

El mayor problema que tienes en tu vida no es si un hombre
o una mujer en particular te acepta, más bien si el Dios del universo te perdona. La cruz demuestra que tu mayor problema
—la ira de Dios— ya ha sido resuelto. La confianza y seguridad
en el amor de Dios puede darte la valentía que necesitas para
confesarle a otra persona tu pecado, en el conocimiento de que
ya Dios te ha perdonado.

Hablarme sobre su pasado, fue una de las cosas más difíciles
que Shannon tuvo que hacer en toda su vida. Pudo hacerlo porque sabía que Dios, la persona que a causa de su pecado había recibido la mayor ofensa, ya la había perdonado. Si yo la hubiese rechazado, ella no hubiera experimentado la devastación en su vida,
porque su seguridad máxima se encontraba en la aceptación de su
Padre celestial, la cual fue comprada a precio de sangre.

Cuando logras llegar al punto donde sabes que Dios te ha
perdonado, y estás preparado para contarle a la persona que

amas sobre tu pasado, tendrás que hacerte a ti mismo varias preguntas prácticas y quizá, hasta difíciles. Primero, ¿cuándo debes confesar tus pecados pasados? Y segundo, ¿cuánto de tu pasado debes divulgar?

La decisión de cuándo hablarle sobre tu pasado a la persona con quien estás en una relación de cortejo, va a depender de varios factores. Primero, tu motivo primordial debe ser servirle a él o ella. Tu meta debería ser hablar al respecto temprano en la relación, para que no se sienta presionado por promesas hechas antes de recibir dicha información. Con esto en mente, pienso que es mejor confesar aquellas cosas que sean importantes antes de establecer un compromiso formal. Y si ya están comprometidos, es importante poner todas las cartas sobre la mesa lo antes posible.

Esto no significa que estás en la obligación de compartir detalles íntimos sobre tu vida tan pronto comience la relación de cortejo. Obviamente, esto debe hacerse sólo si no hay duda de que la relación va camino al matrimonio. Si has llegado al punto donde te sientes confiado respecto a tu deseo de que la relación llegue hasta el matrimonio, probablemente es tiempo de que dialogues sobre tu pasado.

La siguiente pregunta es: cuántos detalles debes divulgar en tu confesión. Los autores de *Preparing for Marriage* (Preparándonos para el matrimonio), ofrecen varios consejos muy prácticos:

- Primero, escribe una lista de lo que necesitas confesar. "Esto podría incluir sucesos, decisiones o heridas que has experimentado. Y aunque no es necesario ser muy detallista, debes estar seguro de mencionar cualquier cosa que pueda afectar tu relación al presente".
- Decide cuáles de los asuntos en tu lista debes compartir con la persona que estés cortejando (o con quien te hayas comprometido), y por qué. Shannon procuró el consejo de Julie, una mujer casada muy piadosa y miembro de nuestra iglesia, respecto a lo que me debía compartir.

El apoyo y el consejo de Julie representaron una importante ayuda para Shannon.

* Escoge un horario y un lugar privado donde puedan hablar. Escoge un ambiente en el cual ambos puedan sentirse libres para expresar sus emociones. Antes de la reunión, pídele a Dios que le dé a la persona que amas, la gracia para responder en amor. No esperes que esto sea fácil para la otra persona. Solicita su perdón, pero no lo exijas. Permite que se tome todo el tiempo que necesite.

* No digas más de lo que sirva para ayudar al otro. "Mientras estés hablando", escriben los autores de *Preparing for Marriage* (Preparándonos para el matrimonio), "explica por qué piensas que es importante compartir tales decisiones de tu pasado; pero evita compartir demasiados detalles explícitos, ya que esto podría convertirse en un problema más tarde en tu matrimonio. Al ofrecer demasiados detalles, puedes estar dándole a la persona que amas, un panorama demasiado amplio e innecesario. Evita la curiosidad enfermiza". Esto es algo que Shannon hizo muy bien. Ella me dijo lo que yo debía saber, pero me animó a no indagar por información que sólo serviría para atormentar mi imaginación en un futuro.

* Finalmente, sé paciente con aquellos a quienes les has confesado tu pecado. Permíteles suficiente tiempo para apropiarse de la gracia de Dios y para examinar con sinceridad su respuesta a tu confesión. Las probabilidades son que se verán involucrados en una lucha. Quizá se alejen de ti por un breve período de tiempo. Y en algunos casos, quizá terminen con la relación. Si esto sucede, debes recordar que es mejor haber lidiado con este asunto ahora, que después de la boda. Aprovecha la oportunidad para recordar cuán diferente ha respondido Dios a tu pecado. Él te ha recibido y ha prometido que nunca te dejará. Su amor es inagotable. Y en el tiempo perfecto, Él puede traer a tu vida un hombre o una mujer que te acepte y perdone tu pasado.

3. Por causa de la cruz, puedes perdonar el pecado en el pasado de otra persona.

Si dentro de la relación, tú eres la persona que recibes la confesión, entiendo el reto que esto puede representar —en especiale si te has guardado sexualmente. En realidad, yo no hubiera llegado virgen al matrimonio de no haber sido criado en un hogar cristiano, y desde el comienzo de nuestro cortejo yo sospeché que Shannon no era virgen. A pesar de esto, experimenté un profundo sentir de pena cuando ella me contó sobre sus relaciones pasadas. Yo la amaba. El pecado nos había robado algo que era imposible reemplazar. Y para ambos, esto era muy triste.

Si vas a lidiar con el pecado pasado de otra persona, permíteme animarte a que consideres varias cosas.

Primero, tienes frente a ti la oportunidad de ser un canal para el perdón de Dios. Aunque es fácil sólo ver cómo te afecta a ti el pecado, debes recordar que probablemente es sólo más doloroso para él o ella tener que decirlo que para ti tener que escucharlo. No dejes de enfatizar continuamente la realidad del perdón divino. Al ir procesando tus propios sentimientos, llévalos a considerar la cruz y asegúrate de que los mismos estén arraigados en una verdadera comprensión de la gracia de Dios.

Segundo, no permitas que lo que podría ser un sentir de pérdida y desilusión apropiados, ante los efectos del pecado, se conviertan en una actitud santurrona llena de amargura en contra de la otra persona. Quizá eres virgen, pero también eres un pecador que sólo puede alcanzar la salvación por medio de la muerte expiatoria de Jesús.

Y aunque sí te afecta el pecado del ser que amas si es que deciden casarse, debes mantener en mente que primordialmente, dicho pecado se llevó a cabo en contra de Dios. Él estuvo allí como testigo. Él allí lloró. Y en la cruz, vertió su sangre por causa del mismo. Él ama a tu compañero más de lo que tú jamás puedas amarlo. Y a él o ella, Él lo ha perdonado. No pretendas ocupar un puesto por encima de Dios al retener el perdón.

Tercero, aunque sí debes perdonar al hombre o a la mujer con la que estás relacionado, no debes considerar igual el perdón con la obligación de casarte. Dependiendo de la etapa en que se encuentren dentro de la relación, podrían haber más preguntas que deben contestar antes de comprometerse. No dejes que este asunto te haga pasar por alto otras áreas de importancia dentro de la relación.

Conozco casos en los que el hombre o la mujer sencillamente no pudieron lidiar con el hecho de que la otra persona se había acostado con varias personas. Si no estás dispuesto a perdonar y trascender más allá del asunto, no supongan que el matrimonio solucionará el problema. No se apresuren; busquen consejo. Y si no encuentran reconciliación alguna, entonces, deben estar dispuestos a terminar la relación.

Finalmente, si deciden casarse, deben estar seguros de perdonar como perdona Dios —deciden nunca más traer a la memoria el pecado pasado—. Como seres humanos que somos, no podemos hacerlo a la perfección como Dios lo hace, pero sí podemos rehusar morar en el pasado. Cuando lo recordemos, podemos sacarlo de nuestra mente. Como dice Jay Adams: "Perdonar es una promesa, no un sentimiento".

Cuando perdonas a otras personas, estás haciendo una promesa de no usar su pasado en su contra. Personalmente me ayudó muchísimo el consejo que me dio mi padre antes de comprometerme con Shannon. "Necesitas estar seguro en tu corazón", dijo él, "que nunca —sea en medio de una discusión acalorada o bajo ninguna otra circunstancia— vas a usar su pasado como un arma". Y ese es el compromiso que hice, y por la gracia de Dios lo he cumplido.

Llorar con los que lloran

Cuando Shannon me contó sobre su vida antes de convertirse a Cristo, yo nunca vacilé en mi deseo de continuar con nuestra relación. La amaba. Yo sabía que Dios la había salvado y cambiado, y estaba seguro de que Él nos estaba dirigiendo hacia una relación como esposo y esposa.

Pero sólo porque yo la había perdonado y me sentía confiado respecto a nuestro futuro juntos, esto no significaba que a veces no tuve que luchar con su pasado. De hecho, algunos de los días más difíciles para mí, fueron después que nos comprometimos. Al ir acercándose la fecha en que Shannon se convertiría en mi esposa, la realidad de lo que se había perdido me afectó de un modo diferente. Comencé a temer que Shannon me compararía con novios de su pasado. Yo estaba lastimado y necesitaba sentirme tranquilo.

Comparto esto contigo para hacerte saber que después que hayan pasado por la confesión y se hayan perdonado, aun así van a necesitarse mutuamente. Ambos enfrentarán tentaciones únicas. En nuestra relación, Shannon continuó luchando con sentimientos de condenación. Ella necesitaba que yo le recordara que la había perdonado y que Dios la había limpiado. Y a la misma vez, yo necesitaba escuchar de parte de ella que me amaba y que sus relaciones pasadas no significaban nada para ella.

Lo más importante que aprendimos fue que a la larga, el consuelo que ambos anhelábamos, sólo proviene de Dios. Nos necesitamos, y nos impartimos mutuamente gracia y apoyo. Pero solamente Dios pudo traer verdadera paz y conclusión final al pasado. Yo no podía ser la máxima fuente de seguridad de Shannon. Y Shannon no podía ser la mía. Ella no podía decir: "Te amo", o "Los demás no importan" suficientes veces como para traer paz a mi corazón. Yo tuve que acudir a Dios, y encontrar en Él esa paz.

Dos pecadores al pie de la cruz

Algunos de los mejores y más auténticos consejos que recibí fueron de un amigo que había pasado por una experiencia similar con su esposa. Él simplemente me dijo: "La punzada va disminuyendo. Siempre vas a sentir cierto pesar, pero con el paso del tiempo, el dolor disminuye hasta que casi dejas de notarlo".

Él estaba en lo cierto. Antes que Shannon y yo nos casáramos, hubo días cuando atormentado por mi propia imaginación sobre las relaciones pasadas de Shannon, sólo podía llorar acostado en mi cama, mientras rogaba por la misericordia de Dios. La punzada era afilada y dolorosa. Pero ha disminuido. De hecho, casi ha desaparecido por completo. Hoy día, es rara la vez que pienso en ello. Y cuando lo hago, hay tristeza, pero mayor que la tristeza es el gozo que siento al pensar en cómo Dios nos rescató a Shannon y a mí.

Para nosotros, el recuerdo de nuestra difícil conversación y los días siguientes tiene un sabor agridulce. Agrio, porque el pecado verdaderamente destruye y arruina las vidas; y dulce, porque en el momento de nuestro profundo pesar compartido, la misericordia y la gracia de Dios nunca fue más real. El dolor del pasado hizo que ambos nos acercáramos aun más a la cruz de nuestro Salvador Jesús. El evangelio se hizo más real, más querido, y más poderoso de lo que jamás fue.

¿Será posible poder escapar del pasado? No. Pero cuando conoces el perdón y la gracia de Dios, es posible enfrentarlo sin temor.

Para Shannon y para mí, el pasado continúa tocando a nuestra puerta. Pero cuando lo hace, no abrimos la puerta nosotros mismos. Miramos hacia nuestro crucificado y resucitado Salvador, y le pedimos que sea Él quien conteste en nuestro lugar.

Comenzamos nuestro matrimonio, y siempre esperamos permanecer, admirados de su gracia —dos pecadores al pie de la cruz.

Capítulo once

¿Estás listo para siempre?

Diez preguntas que debes contestar
antes de comprometerte

Joanna Purswell. A ella le gustaba como sonaba. *Joanna Marie Purswell.* Sí, definitivamente posee cierta distinción. Joanna Stockwell soñaba despierta, y en su mente jugaba el Juego de los Apellidos. *¡Hola! soy la señora Purswell*, practicaba diciendo. *¡Hola!, soy la señora Joanna Purswell. Este es mi esposo.*

Shawn manejaba el auto en que se dirigían de vuelta a casa, después de una encantadora velada juntos. Había comenzado una relación de cortejo apenas unas pocas semanas, pero ya ella había decidido que si Shawn se declaraba, ella le respondería con un definitivo sí. Shawn tenía tantas cualidades maravillosas. Era atractivo, manejaba un gran auto, y era... pues... *tan atractivo.* Él se veía tan elegante con su esmoquin negro, parado a su lado, ella vestida con un traje de novia de satén blanco. ¿Qué color quería para el traje de las damas? ¿Rosado o verde esmeralda?

En el asiento del chofer al lado de Joanna, se encontraba Shawn, también perdido en su propio mundo de fantasía. Miró hacia donde ella estaba y sonrió. Ella le devolvió la sonrisa. La ventanilla en el techo del auto estaba abierta y el fresco viento veraniego soplaba entre sus cabellos. Había tantas cosas que admiraba en Joanna... su cabello, sus piernas. La había besado por primera vez dos noches atrás. Aceleró el auto para besarla nuevamente antes de despedirse. *Si llegaran a casarse, no tendría que despedirse de ella. ¿Y cómo sería la luna de miel? ¡Ahhh!, la luna de miel...*

Las intermitentes luces rojas y azules en su espejo retrovisor, lo hicieron volver a la realidad. "¡Oh, esto es increíble!", dijo enojadísimo mientras acomodaba su auto a un lado de la carretera.

"¿Acaso ibas a alta velocidad?", preguntó Joanna.

"No", respondió Shawn amargamente. "Por lo menos no pienso que iba tan rápido".

Buscó torpemente por su tarjeta de seguro en la gaveta del auto, y luego bajó el cristal de su ventana. Un policía alto y meticulosamente vestido se acercaba apresurado al auto.

"¡Ehhh, hola!", dijo Shawn hablando con rapidez. "Señor, en realidad no creo que estaba corriendo por encima del límite de velocidad y..."

"No estoy aquí para hablar sobre tu límite de velocidad, hijo", le interrumpió el oficial. "Necesitamos hablar sobre la velocidad que lleva la relación entre ustedes".

"¿Hablar de qué?", preguntó Shawn.

"Tal y como me escuchaste", dijo el oficial, quitándose las gafas oscuras y encorvando su pesado cuerpo hasta colocarse al mismo nivel que la pareja. "¿Cuánto tiempo llevan en su relación de cortejo?" Shawn y Joanna se miraron asombrados.

"Soy un policía de cortejo", les explicó el oficial. "Mi trabajo es asegurarme que parejas como ustedes no se apresuren hacia un mal matrimonio". Sacó la linterna de su cinturón y le alumbró a los ojos. "Tal y como lo había sospechado", dijo él. "Ojos inyectados en sangre. Jovencito, probablemente has estado pensando sobre el sexo. Y tú, jovencita, tienes los ojos vidriosos como los de una planificadora de bodas prematura".

El rostro de ambos perdió todo color.

"¿Cuándo fue que comenzaron la relación?", les preguntó nuevamente el policía.

"Ahh, hace un mes", dijo Shawn tartamudeando. Su boca estaba completamente seca.

"¿Acaso no te vi salir del estacionamiento de las Joyerías Marquee varias millas atrás?", preguntó el policía.

"Pues… ahhh, sí", dijo Shawn.

"¡No me digan que han estado viendo anillos de compromiso!"

"Pues, ummm, sólo estábamos pasando el tiempo", dijo Shawn tímidamente.

"La idea fue de él", exclamó Joanna.

"¡Espera un momento!", dijo Shawn en tono defensivo. "¡Tú también querías ver los anillos!"

"En realidad, no me importa de quién fue la idea", dijo el policía en tono cortante. "Conseguí el archivo de ambos, y créanme que ninguno de los dos se ve muy bien. Ambos tienen un historial de apresurados enredos emocionales; sólo llevan tres semanas y media de cortejo; y nuestros informes demuestran que la mayor parte de sus interacciones han sido por el momento superficiales y basadas en la fantasía. No existe una verdadera amistad. No existe una relación espiritual. Y, en ningún momento han tenido una discusión seria sobre valores, metas y sus expectativas respecto al matrimonio. Y peor aun: ¡a nadie le han pedido consejo!"

"¿Podría dejarnos ir con sólo una advertencia?", dijo Shawn suavemente.

"De ninguna manera", dijo el oficial con severidad. "Les voy a dar una multa por 'considerar una relación de compromiso bajo influencias indebidas.' ¿Reconocen ustedes el peligro que corren al apresurarse a alta velocidad hacia el matrimonio, mientras andan embriagados románticamente?"

Al escuchar esto Joanna, comenzó a lamentarse y a tirar del brazo de Shawn. "¡Mi madre me va a matar!", dijo lamentándose. "¡Ella es miembro activo de MECCT —Madres en contra de compromisos tontos! ¡A ella le va a dar un ataque. Todo esto es culpa tuya!"

Shawn no dijo ni una sola palabra. Ya había comenzando a sentirse sobrio…

Ahora es el momento para despertar

¿Policía de cortejo? Está bien, reconozco que suena tonto. Gracias a Dios que no existe tal cosa. Pero si existiera, ¿estarían ordenando que ciertas relaciones se detengan a un lado del camino? ¿Podrían las relaciones tolerar tal examen? ¿Acaso debes continuar corriendo a toda velocidad hacia el compromiso, o estás manejando "bajo influencias indebidas?"

El propósito de este capítulo, es ayudarte a tomar una decisión sabia respecto al matrimonio. Vamos a hacer preguntas que pueden mantenerte alejado del compromiso, si esta es la decisión *incorrecta,* y a estimularte a continuar si la decisión es la *correcta.*

Esto es un asunto extremadamente serio. Si juntas todas las decisiones que hayas tomado a lo largo de tu vida, a qué escuela asistir, dónde trabajar, amigos que escoger, cuál auto o casa comprar, todas ellas serían insignificantes ante la decisión respecto a la persona con quien te has de casar. El matrimonio te unirá en alma y cuerpo a otra persona. Tu matrimonio va a determinar quién será la madre o el padre de tus futuros hijos. Tiene el poder de fortalecer o estorbar tu efectividad en el servicio a Dios. Puede traer consigo toda una vida de alegría y gozo, o dejarte siendo un miserable.

Esta es la razón por la que tenemos que mantener siempre presente las verdaderas preguntas a las que nos enfrentamos. Tales preguntas no son: "¿Queremos tener sexo?" o "¿Disfrutaré la emoción de comprometernos y planificar nuestra boda?" o "¿Acaso esperan todos nuestros amigos y familiares que nos casemos?"

Las *verdaderas* preguntas que debemos considerar son: "¿Estamos listos para cuidarnos, sacrificarnos y amarnos mutuamente en las buenas y en las malas?" y "¿Creemos que como pareja vamos a glorificar más a Dios que como individuos?" y "¿Estamos listos para siempre?"

Muchas personas están desdichadamente casados porque fallaron en hacer las preguntas importantes. En lugar de evaluar su relación con sobriedad, se dejaron atrapar por la emoción del momento. Cuando eran novios decidieron ignorar la realidad, sólo para dedicar todo el tiempo de su matrimonio quejándose al respecto. Tal y como escribió Alexander Pope: "Duermen durante el cortejo y atados al matrimonio despiertan".

La temporada de cortejo es el momento para estar completamente despierto, y con los ojos muy abiertos. Esto no significa que debemos ser hipercríticos o pasar juicio constantemente. Por el contrario, lo que significa es que debemos hacer una sobria evaluación de nosotros mismos, de la otra persona y de nuestra relación, antes de hacer un compromiso matrimonial.

Preguntas que debes hacer antes de comprar el anillo

Las diez preguntas que siguen a continuación pueden ayudarte a evaluar la presente condición de tu relación. Muchas de ellas han sido tomadas de lo que hemos discutido en los capítulos anteriores. También, he tomado varias ideas de un artículo titulado *¿Deberíamos casarnos?* por David Powlison, quien es un diestro asesor cristiano, y su pastor John Yenchko. (Este artículo está disponible como folleto en Resources for Changing Lives (Recursos para vidas en proceso de cambio), bajo el título *Pre-Engagement: 5 Questions to Ask Yourselves (Antes de comprometerse: 5 preguntas que te debes hacer)*. Estos dos hombres, que por supuesto poseen más sabiduría y experiencia que yo, de forma muy generosa me han otorgado el permiso para citarlos extensamente.

Te animo a que consideres estas preguntas con espíritu de humildad, y con el deseo de crecer. Lidiar como pareja con estas preguntas, así como en forma individual, podría ayudarlos a descubrir cuáles son los puntos fuertes y los débiles en la relación, y a la vez, ayudarlos a tomar una decisión más informada respecto a la posibilidad de una futura boda.

1. ¿Es Dios y su gloria el centro de la relación?
¿Es Jesucristo el Señor de ambos? Un matrimonio feliz está basado en un amor mutuo y sumisión hacia Él. ¿Eres obediente a su

Palabra? ¿Se esmeran los dos por encontrar la plena satisfacción de sus vidas en Dios? De no ser así, llegarán al matrimonio con la expectativa falsa de que el matrimonio los hará sentir plenamente satisfechos. Comenzarán a hacer demandas ilusorias al pedirle al cónyuge que ocupe el papel que sólo Cristo puede ocupar.

2. *¿Estás cultivando amistad, comunicación, compañerismo y romance?*

Califica tu relación en las cuatro áreas que discutimos en los capítulos 5 y 6:

Amistad. ¿Disfrutan el tiempo que pasan juntos? Además de los sentimientos románticos, ¿tienen ustedes un sólido fundamento de amistad? ¿Hay actividades e intereses que los unen? Si ambos fueran del mismo sexo, ¿crees que serían amigos?

Comunicación. ¿Han cultivado la habilidad de escucharse y comprenderse? En todas las relaciones habrá espacio para mejoras; la pregunta es: ¿ven ustedes que hay crecimiento?

Compañerismo. ¿Dialogan ustedes sobre asuntos espirituales? ¿Oran juntos? ¿Podrían decir que como resultado de su relación tienen mayor amor por Dios?

Romance. ¿Están cultivando y creciendo en el mutuo deseo romántico? ¿Van en aumento sus expresiones de cariño? De no ser así, ¿por qué razón está ausente el afecto entre ustedes? ¿Están procurando hacer que la relación funcione cuando su corazón no está en el asunto como debe?

3. *¿Están ustedes claros en cuanto al papel bíblico trazado para el hombre y la mujer?*

¿Poseen ustedes la convicción bíblica sobre lo que significa ser un hombre piadoso o una mujer piadosa? ¿Están ustedes de acuerdo con el papel de esposo y esposa? ¿Cuando leyeron el capítulo 7, hubo algunas partes con las que no estuvieron de acuerdo o reaccionaron negativamente? Dialoguen al respecto.

Si eres mujer, debes preguntarte si este hombre es alguien a quien puedes respetar, someterte y amar. La Biblia le asigna a la esposa dos responsabilidades primarias: respetar y someterse a su esposo (Efesios 5:22-24; Colosenses 3:18). Estas dos responsabilidades están muy relacionadas entre sí. Si respetas a tu esposo, someterte a él será un gozo. Si no lo respetas, sujetarte a él será gravoso.

Si eres hombre, ¿estás ejerciendo iniciativa y liderazgo en la relación? ¿Posees la fe para dirigir a esta mujer y servirle a ella en amor por toda la vida? Necesitas estar seguro de que ella puede, y se someterá a tu liderazgo espiritual.

4. ¿Hay otras personas que apoyan su relación?

¿Han tenido ustedes durante el cortejo la protección y el apoyo de su iglesia local? Por favor, no procedan con un compromiso antes de procurar el consejo de personas que los conozcan bien a ambos.

Powlison y Yenchko escriben lo siguiente:

El buen consejo te ayuda a meditar sobre la decisión de forma cuidadosa y en oración. Te ayuda a decidir si las razones principales para casarte son egoístas, o si tienes la habilidad de hacer el compromiso de amar a otra persona. El buen consejo te ayuda a identificar cuáles son las áreas que podrían representar un posible problema, y cómo resolverlas ahora.

5. ¿Es el deseo sexual un factor demasiado grande (o demasiado pequeño) en tu decisión?

La participación sexual antes del matrimonio tiene el poder de entenebrecer el entendimiento. Alguien dijo: "Nunca permitas que un necio te bese o que un beso te haga necio". ¿Te ha engañado el deseo sexual haciéndote creer que tu relación es mejor de lo que en realidad es? ¿O uno de los motivos primordiales para casarte es la anticipación del sexo? Obviamente, el sexo es un aspecto muy importante del matrimonio, pero debes recordar que el mismo, no puede tapar cualquier debilidad que haya en otras áreas de la relación.

Y aunque es cierto que el deseo sexual no debe representar un papel demasiado importante, tampoco debe ser muy pequeño. Es muy importante que te sientas sexualmente atraído por tu cónyuge. Como suele decir mi padre: nosotros no debemos pretender ser "más espirituales que Dios", y casarnos con alguien que no nos excita a la hora de ir a la cama.

6. ¿Tienen ustedes experiencia resolviendo sus problemas bíblicamente?

David Powlison y John Yenchko hacen las siguientes preguntas:

¿Actúan ustedes como adultos piadosos, o como niños egoístas cuando enfrentan desacuerdos, malentendidos o decisiones? El no resolver problemas bíblicamente se demuestra de muchas maneras muy obvias. ¿Eres manipulador? ¿Evitas enfrentarte a los problemas? ¿Tratas de encubrir asuntos, aparentando que todo marcha bien? ¿Almacenas resentimientos?

Si en tu relación te percatas de patrones equivocados, esto no significa que necesariamente tienes que terminar con la relación, pero sí debes andar con cautela y procurar un cambio. Los buenos matrimonios no carecen de conflicto. Lo importante es que ambas personas estén comprometidas a resolver los problemas de acuerdo con la Palabra de Dios.

¿Qué significa resolver un problema bíblicamente? Todo comienza con un entendimiento básico de lo que la Biblia enseña sobre las principales áreas de la vida. Significa que uno sabe cómo exponer y a través del diálogo buscar una solución a los difíciles. Significa estar dispuesto a pedir perdón por la manera en que has contribuido al problema, independientemente de lo que la otra persona haya hecho.

No tomes ningún tipo de decisión hasta que no veas algún progreso en esta área de tu relación.

7. *¿Están los dos encaminados en la misma dirección en la vida?*
"Cuando la Biblia habla sobre el matrimonio", escriben Powlison y Yenchko, "habla en cuatro ocasiones de 'dejará y unirá'. *Dejará* significa, que ya no estás atado a la dirección establecida por tus padres y tu vida de soltero. *Unirá* significa, que escoges moverte en la misma dirección que tu cónyuge".

Powlison y Yenchko señalan que no están presentando un argumento a favor de la noción secular de "compatibilidad", la cual, dice que una relación sólo puede funcionar si el hombre y la mujer han sido sacados del mismo molde.

Dos individuos completamente diferentes pueden tener un matrimonio maravilloso. Pero existen ciertos acuerdos básicos a los que un hombre y una mujer se adhieren con el propósito de unirse el uno al otro. Jesús dijo que debemos considerar el costo de nuestras decisiones (Lucas 14:28-29). Amós dice: "¿Andarán dos juntos, si no estuvieren de acuerdo?" (Amós 3:3).

¿Han dialogado ustedes sobre el significado de "dejar y unirse" si llegan a casarse? Durante el cortejo, es el momento para discutir cómo van a relacionarse con sus padres y amigos solteros una vez que estén casados. ¿Están ustedes preparados para dejar ir muchas de las libertades individuales que han disfrutado como solteros? ¿Cómo perciben ustedes compartir una vida juntos? ¿Están ustedes de acuerdo sobre asuntos relacionados con estilos de vida tales como creencias y prácticas religiosas, hijos, participación en la vida de la iglesia y dinero?

8. *¿Han considerado seriamente cualquier diferencia cultural que pueda existir?*
Derrick y Lindsey tuvieron que lidiar con las diferencias culturales de una crianza coreana y china. Mis amigos Cori y Kathy se comprometieron sólo después de haber considerado muy

seriamente los retos que enfrentarían al formar un matrimonio interracial; Cori es negro y Kathy es blanca. Al caminar por las calles junto a Kathy, Cori ha sido acusado de "traidor" por otros negros; Kathy tuvo que pacientemente lidiar con sus padres, quienes al principio se opusieron a la relación. Ellos se aman y tienen fe para ingresar al matrimonio, pero han tenido que enfrentar cara a cara el asunto de su historial racial y cultural.

"La tendencia", escribe Douglas Wilson, " es a considerar todas estas diferencias a través de una neblina de romanticismo, y si alguien las menciona, se descartan con un rápido ademán. 'Oh, sí, ya hemos pensado en eso'. Pero haber 'pensado en eso' y 'meditar concienzudamente al respecto' son dos cosas completamente diferentes".

¿Son antibíblicos los matrimonios interraciales? Por supuesto que no. No obstante, Wilson aconseja lo siguiente:

> Uno no debe considerarlo en forma descuidada. Las diferencias entre un hombre y una mujer de por sí, ya son bastante considerables; si una pareja tiene que lidiar también con otras barreras culturales de comunicación, los problemas podrían ser graves.

9. ¿Está alguno de ustedes involucrado en complicados enredos con relaciones o matrimonios pasados?
Vivimos en una época en la que muchas personas traen al presente las consecuencias de relaciones pasadas. ¿Están ustedes comprometidos a lidiar con dichos asuntos de acuerdo a los términos establecidos por Dios? David Powlison y John Yenchko escriben lo siguiente:

> Existen divorcios "legales" que ante los ojos de Jesús son ilegítimos (Mateo 19:1-9). Hay ocasiones cuando el Señor nos ordena a continuar buscando una reconciliación, en vez de un nuevo matrimonio (1 Corintios 7:10-11).

También existen situaciones en las que Dios considera que un matrimonio se ha roto, y que la persona es libre para considerar un nuevo matrimonio (Mateo 5:31-32; 1 Corintios 7:12-16; Romanos 7:2-3).

Todos los pormenores que corresponden a estas preguntas, están más allá de la esfera de nuestra discusión. Pero si tienes enredos del pasado (por ejemplo un matrimonio anterior o hijos fuera del matrimonio), debes tomar en seria consideración lo que Dios tiene que decir al respecto. Procura el asesoramiento pastoral de personas que toman en serio la Palabra de Dios. Idealmente, la iglesia debería hacer la declaración de que cierta persona está o no libre para volver a casarse.

10. ¿Deseas casarte con esta persona?

"La Biblia nos dice que la decisión de casarnos es una decisión personal", escriben Powlison y Yenchko. "Las preguntas finales que debes hacerte son: '¿Deseo casarme con esta persona?' y '¿Desea esta persona casarse conmigo?'"

¿Por qué razón unos asesores tan diestros como estos, hacen lo que parece ser una pregunta tan básica? Porque han visto a demasiadas parejas espiritualizar la decisión respecto a la persona con la que se van a casar. En vez de reconocer que Dios nos dirige dándonos sabiduría y permitiéndonos tomar nuestras propias decisiones, estas parejas esperan por una "experiencia mística" que les dirá lo que deben hacer. Contrarrestando esta mentalidad, Powlison y Yenchk escriben lo siguiente:

Casarte es tu propia decisión. Eres tú quien confirmarás los votos y dirás "Sí, lo prometo". Nadie, y ningún "impulso o sentir", puede detenerte u obligarte a tomar dichos votos.

Primera de Corintios 7:25-40 es el pasaje más extenso en la Biblia que habla explícitamente sobre cómo las personas deciden casarse. El mismo está repleto de frases como: "que haga lo que quiera, no peca"; "Pero el que está firme en su corazón, sin tener necesidad, sino que es dueño de su propia voluntad, y ha resuelto en su corazón"; "La mujer es libre para casarse con quien quiera, con tal que sea en el Señor".

¿Podría estar más claro? Dios espera que seas tú quien toma dicha decisión. Y Dios promete bendecirte y obrar su voluntad en tu vida a través de tus decisiones.

Finalmente, David Powlison y John Yenchko les recuerdan a las parejas que el sí se lo están dando a una persona, y no a una "mujer fantasía" o al "hombre en el cual espero se convierta". Ellos escriben lo siguiente al respecto:

Pregúntate a ti mismo: '¿Estoy dispuesto aceptar a esta persona tal y como él o ella es? ¿Deseo casarme con esta persona?' Debes estar seguro de no ingresar al matrimonio con planes ni razones secundarias, esperando cambiar al otro cuando estén casados. ¿Le estás diciendo sí a una persona real, con debilidades y puntos fuertes, con pecados y talentos?

Desear lo mejor

Cuando dos personas están enamoradas, preguntas como estas que hemos hecho pueden parecernos un fastidio. El sólo hecho de leerlas es tan divertido como lo es ser detenido por un "policía de cortejo". Pero, aunque parezcan arruinar la pasión romántica, las mismas son extremadamente importantes. Lo que espero reconozcas es que meditar en ellas y en otros asuntos pertinentes, es una expresión de amor cristiano hacia la otra persona. No hay nada de amoroso en la decisión de ingresar al matrimonio con los ojos cerrados. Un examen concienzudo sólo servirá para fortalecer una relación saludable.

¿En realidad deseas lo mejor para ambos? Entonces, le darás amplia bienvenida a la oportunidad de hacer una evaluación honesta, aun cuando esto signifique el descubrimiento de posibles problemas.

Cuando la respuesta es no

Después de haber leído este capítulo quizá, hayas reconocido que no quieres casarte con la persona con quien estás involucrado. Miguel y Elena estuvieron en una relación de cortejo por tres meses, cuando decidieron terminar la relación. "Nos apreciamos como amigos", explicó Miguel. "Pero cuando pasamos más tiempo juntos, a solas, descubrimos que las diferencias eran muchas y que no nos complementábamos mutuamente. Nuestra relación nos ayudó a ver que no debíamos continuar con nada más allá de una amistad".

Sé que esto puede ser algo difícil, pero si albergas dudas sobre la relación, por favor no temas admitirlo. Recuerda que no estás obligado a casarte. Una relación de cortejo exitosa, es aquella en la que dos personas se tratan mutuamente con santidad y sinceridad, y toman una decisión sabia respecto al matrimonio, sea esta a favor o en contra.

¿Qué debes hacer si crees que debes terminar con la relación? Además de continuar orando, te animo a que discutas tus dudas con un amigo cristiano de confianza que pueda ayudarte a procesar tus sentimientos. No le pidas que intente convencerte a favor o en contra. Sólo necesitas a alguien que pueda escuchar tus preocupaciones y que te ayude a identificar por qué estás falto de fe para el matrimonio.

Si entonces reconoces que no quieres casarte (aun cuando no hayan hablado sobre un compromiso), la relación de cortejo debe terminar. Cada día que pasa en una relación de cortejo, es una declaración silente de que ambos están creciendo en su confianza de querer casarse. Si uno de los dos pierde esta confianza, él o ella están en la obligación de interrumpir la relación.

Cuando terminas con la relación de cortejo, debes comunicar tus pensamientos y sentimientos con la motivación de servir a la otra persona. Solicita la ayuda de Dios para escoger las palabras adecuadas. Considera escribir de antemano tus pensamientos, y de esta manera, estarás seguro de poder comunicarte con claridad. Si sientes que de alguna manera has engañando o herido a la otra persona, confiésalo humildemente y pide perdón.

También es muy importante que seas claro al comunicar el estado de la relación. Si la relación ha terminado, asegúrate de que la otra persona entienda que no están haciendo una pausa. Mi amigo John no fue claro cuando terminó con su relación de cortejo. Por más de un año, la chica albergó esperanzas de que la relación comenzaría otra vez. John reconoció que egoístamente le había agradado la idea de tenerla como "repuesto" en caso de que cambiara de opinión. Pidió perdón y en esta ocasión, aclaró que en el futuro sólo serían amigos.

Experiencia estremecedora, pero no el fin

Pero, ¿y qué si eres tú la persona con quien están rompiendo la relación? ¿Qué hacer si tu deseo es que la relación continúe, pero la otra persona desea que termine? ¿Cómo lidiar con esta situación? "Esta podría ser una experiencia verdaderamente estremecedora", admite Pam, una joven de treinta y cuatro años de edad. "Las personas tienen que reconocer que a su tiempo podrán recuperarse. Todo pasará. Dios es soberano. No es el fin de la vida".

Cuando Gary terminó su relación, mi amiga Evelyn batalló con sentimientos de autocompasión y desilusión. Pero pudo reconocer que el hecho de haberse sentido tan devastada le demostraba que había depositado demasiadas esperanzas en la relación. Dios la ayudó a encontrar consuelo en su inalterable carácter y amor.

Y aunque al principio fue difícil, ella y Gary han podido relacionarse como amigos nuevamente. "Después que terminamos, mi mayor oración era 'Señor, no quiero sentir amargura en su contra,'" me dijo Evelyn después. "Es difícil. Pero hoy día somos buenos amigos. Y todo fue posible por la manera en que Gary se comportó durante nuestra relación. Nuestros corazones se comprometieron prematuramente".

Lo mismo es cierto en la experiencia de Miguel y Elena. Hoy día, ambos miran hacia su pasada relación de cortejo sin resentimientos. "En todo momento Miguel me trató como a una hermana", recuerda Elena. "Inicialmente el rompimiento fue difícil", dice ella. "Uno espera que funcione, y cuando nada ocurre, viene la desilusión. Pero en medio de la desilusión, había gozo. Ambos sabíamos que Dios tenía otra persona para nosotros. Recuerdo que Miguel dijo: 'Estaré celebrando cuando Dios te dé un esposo.' Y yo estaba segura de que sus palabras eran sinceras."

La valentía para obedecer

¿Ha aumentado o disminuido tu confianza de casarte, como resultado de haber leído este capítulo? Independientemente de tus circunstancias, espero que tu compromiso de actuar basándote en lo que has visto, se fortalezca.

Uno necesita tanta fe y valentía para terminar una relación, como para continuar en una. En el capítulo titulado "La valentía de permanecer soltero". Eva McAllaster comparte las historias de hombres y mujeres solteras que han tomado la difícil decisión de terminar relaciones que no eran buenas.

McAllaster escribe lo siguiente:

Mara tuvo la valentía. Ya estaba usando un anillo de diamantes cuando comenzó a percatarse de que los cambios de ánimo de Larry eran tan impredecibles, que a pesar de todas las cualidades que adoraba en él, no era bueno

como esposo para ella. Y tampoco estaba preparado para
ser padre. Ella pensó en sus cambios de ánimo —aquellos
momentos de mal humor— se estremeció, y se mantuvo
firme en su valiente decisión.

Mi oración es que puedas manifestar este tipo de valentía, y
que estés dispuesto a actuar basado en lo que Dios te ha mostrado
sobre la relación en la que estás involucrado. No permitas que la
presión por parte de otros, el temor de estar solo o el deseo de casarte, te lleve a tomar una mala decisión. Confía en la dirección de
Dios y sé valiente.

La valentía también podría involucrar el dar el paso final hacia el matrimonio. En ese rumbo también se encuentra una aventura de fe. Quizá Dios ha estado confirmando la excelente calidad
de la relación en la que estás involucrado, pero le temes a lo desconocido. O quizá tus padres se divorciaron, y piensas que es inevitable que tu matrimonio también fracase. Simplemente eso no es
verdad. Por la gracia de Dios, puedes lograr la victoria sobre tu
pasado y sobre tus pasadas tendencias pecaminosas, y edificar un
matrimonio exitoso.

Si honestamente has contestado las preguntas importantes, y
el Espíritu de Dios te ha dado paz en cuanto a un compromiso
matrimonial, no permitas que el temor te paralice.

¡Pídele a ella que se case contigo!

¡Si él se declara, di que sí!

¡Sé valiente!

Cuando en tu corazón estás seguro de haber encontrado a la
persona con quien deseas pasar el resto de tu vida, para siempre,
no llega demasiado pronto.

Capítulo **doce**

Aquel día

Vivir y amar
a la luz de la eternidad

Me duele el rostro de tanto sonreír. Mi corazón late como si hubiera acabado de correr los cien metros planos. Pero estoy tranquilo. Procuro mantenerme firme y de pie.

Esperando.

Y entonces, la música se eleva. Se abre una puerta en la parte trasera del templo. Por un instante vislumbro algo blanco, y tiemblo.

Este es el momento.

Todos miran. La congregación se pone de pie al unísono.

Allí está Shannon, tomada del brazo de su padre. Luce resplandeciente.

Si sólo pudiera empujar un botón de pausa, para hacer que esta escena se detuviera. Sólo por un breve instante; el tiempo suficiente para convertirla en parte de mi propio ser. Deseo saborear cada segundo.

Hoy es el día de mi boda. Mi novia acaba de entrar en escena.

Mi *novia*. Mi novia.

Así que, este es el vestido que tanto he esperado por ver. Es hermoso. Si yo fuera mujer, podría describirlo. Conocería lo suficiente de la materia para decir que está hecho de satén, con cintura de imperio y capas de chifón que se abren por el frente del vestido. Estaría delirando sobre el delicado encaje que corre alrededor del cuello y de los hombros, y de la larga y hermosa cola. Pero sólo soy un chico. Y lo único que sé, es que el vestido es increíble. Y ella lo hace ver estupendo.

Debajo del velo logro captar una sonrisa. Es para mí. Ella es para mí.

Mi mente se esfuerza por grabar esta escena. Cuán rápido pasará a ser un recuerdo. *No te pierdas ni un solo detalle. Este es el momento*

Oh Señor, es hermosa.

El comienzo

Una boda; un comienzo. Han pasado casi dos años desde nuestro comienzo. Dos años desde que Shannon desfiló por el pasillo de la iglesia. Dos años desde que unimos nuestros corazones y nuestras vidas en votos solemnes ante Dios.

"Si ustedes piensan que ahora están enamorados", nos dijeron aquel día varias parejas mayores que nosotros. "Tan sólo esperen... la cosa se pone aun mejor". Y tenían toda la razón. Sí se pone mejor. Y pensar que sólo estamos comenzando. Aún hay tanto por delante. Tanto por aprender. Algunos días nos sentimos como un par de niños del jardín escolar. Jóvenes enamorados. Sin experiencia. Y descubriendo cada día lo poco que sabemos, pero felices porque estamos aprendiendo juntos.

Lo único que sabemos con seguridad, es que el matrimonio es algo muy bueno. El plan divino de hacer que dos se conviertan en uno, fue genial. Como recién casado, he podido ver cuán bueno es en mil momentos diferentes. Cuando a media noche, el pie de Shannon se desliza hacia mi lado de la cama y descansa a mi lado. Cuando ella se ríe conmigo a causa de un chiste que sólo ella y yo entendemos, el origen del cual no podemos recordar. Cuando ella se percata de alguna ansiedad en lo profundo de mi corazón, la cual nadie, ni aun yo mismo, ha percibido. Cuando al final del día llego a casa y sé que ella me está esperando.

Sí, el matrimonio puede ser muy bueno.

Y de eso es que se trata un matrimonio que ha sido maravillosamente bendecido por Dios, y que en todo honra a Dios. Y es precisamente el potencial de tal experiencia, que hace que una relación de cortejo bien llevada haya valido la pena. La relación de cortejo piadosa, establece hábitos y patrones de comportamiento que pueden continuar "hasta que la muerte nos separe". Y esta es la razón por la que queremos que la gloria de Dios sea nuestra prioridad. Esta es la razón por la que queremos cultivar una buena amistad. Esta es la razón por la cual queremos amar la justicia, y huir de la tentación. Porque queremos que estas sean las cualidades que definan nuestros matrimonios.

La búsqueda del romanticismo no termina con la ceremonia de bodas. Hasta el día de mi muerte, estaré trabajando para conquistar el corazón de Shannon, para acercarme cada vez más a ella como amigo y para ser cada vez más diestro como amante. Sólo estamos comenzando.

¿Cuándo llegará mi turno?

Has llegado al final de este libro. Has leído las historias de muchas parejas diferentes. ¿Y, qué de ti? ¿Dónde te encuentras en tu historia?

Quizá sientes que estás esperando que tu historia comience. Quizá haber leído sobre todos los felices finales ha representado ser un doloroso recuerdo que todavía estás solo.

"Él y ella se conocen", no te ha sucedido a ti. Aún no has conocido a la mujer correcta. El hombre correcto aún no ha llegado. O, si es que llegó, no se fijó en ti. Quizá estés pensando: "Josh, me alegra saber que estás disfrutando el matrimonio. Pero, ¿y qué de mí?"

No voy a pretender que conozco todas las desilusiones que has tenido que enfrentar. No sé cuál ha sido tu experiencia o cuánto tiempo has estado esperando. Cada día recibo cartas de hombres y mujeres que han esperado mucho más tiempo del que yo tuve que esperar, y que han experimentado mucho más dolor. No tengo respuestas fáciles. "Lo único que siempre quise fue casarme", me escribió cierta mujer. "Pensé que para este entonces ya estaría casada". La honestidad con la que confesó la lucha que sostenía, fue algo quebrantador:

Yo solía preguntarme: "¿Qué hay de malo conmigo?" Pero ahora me pregunto si acaso hay algo de bueno. Le rogué a Dios que quitara de mí el ardiente deseo de casarme, si es que no es su plan para mi vida, pero no lo ha hecho.

Nunca he admitido esto porque me siento avergonzada, pero he dejado de asistir a bodas. La envidia que siento me domina. La última boda a la que asistí, resultó ser una experiencia abrumadora. Todo estuvo bien hasta que al final el pastor dijo: "Y ahora puedes besar por primera vez a tu esposa". El novio levantó su velo, y todos esperaban que procedieran a darse un rápido beso, pero no lo hicieron. Al contrario, él tomó cuidadosamente el rostro de ella entre sus manos, y permanecieron de pie largos segundos mirándose profundamente a los ojos. Yo casi podía escuchar la comunicación secreta entre ambos. Entonces sonrieron y se besaron, larga y profundamente.

Entonces perdí el control. Lágrimas comenzaron a brotar de mis ojos, y comencé a sollozar en silencio. El nudo que había en mi garganta era tan grande que en la recepción sólo pude dejar escapar algunas palabras entrecortadas como saludo a la novia. Nadie sospechó que yo estaba celosa; todos pensaron que mi comportamiento era muy sentimental. Pero ella sí lo sabía. Mientras las lágrimas rodaban por mis mejillas, ella me miró compasivamente y me abrazó fuertemente.

Me marché de la recepción antes de que concluyera. Cuando llegué a mi casa, me eché a llorar sobre la cama. "¿Cuándo llegará mi turno, Señor?"

¿Te estás haciendo esta pregunta? "¿Cuándo llegará *mi* turno? ¿Cuándo comenzará *mi* historia?"

Si eres soltero, creo que Dios desea que entiendas que tu historia ya ha comenzado. La vida no comienza cuando encuentras un cónyuge. El matrimonio es maravilloso; pero sólo representa un nuevo capítulo en la vida. Sólo es una nueva manera de hacer para lo que fuimos creados —vivir para nuestro Creador y glorificarlo.

En este mismo instante, Dios está haciendo que todos los elementos de tu vida obren para tu propio bien (Romanos 8:28). Este tiempo en tu vida es parte de tu historia. Quizá no es lo que habías planeado. Quizá deseas que tu príncipe o tu princesa ya hubiera llegado. Pero el tiempo de Dios siempre es preciso. Él conoce exactamente lo que está haciendo. Él está consciente de ti y de tu situación. Él no se ha olvidado de ti. Las circunstancias por las que estás pasando —independientemente de cuán difíciles sean— forman parte del feliz final que Él ha planeado para ti.

Dios es mucho mayor que tus circunstancias. Mi pastor, C. J. Mahancy, en cierta ocasión le dijo lo siguiente a un grupo de solteros: "Su mayor necesidad no es conseguir un cónyuge. Su mayor necesidad es ser librado de la ira de Dios, y eso ya fue cumplido a tu favor a través de la muerte y resurrección de Cristo. ¿Entonces, por qué dudar que Él pueda suplir una necesidad, muchísimo menor que esta? Confíen en su soberanía, confíen en su sabiduría, confíen en su amor".

Yo no pretendo tener una respuesta para cada situación. Lo único que te ruego es que confíes en Él.

Confía en la soberanía de Dios. Él conoce tu principio y tu fin. El plan que tiene para tu vida no podrá ser estorbado. Él está en control.

Confía en la sabiduría de Dios. Si el matrimonio es su plan para tu vida, Él conoce exactamente cuándo es que necesitas un cónyuge. Y en su insondable sabiduría, Él conoce cuándo estarás preparado para ello. Su tiempo siempre es perfecto.

Confía en el amor de Dios. ¿Acaso no entregó su vida para salvarte del pecado? ¿Acaso no demostró su amor por ti en la cruz?

Entonces, también puede suplir tus necesidades más insignificantes. Aun tus pruebas actuales forman parte de su amoroso plan para tu vida. Y cualquier cosa que Dios tenga reservada para ti en un futuro, simplemente será otra expresión de su amor.

Mirando su rostro

Me siento inspirado por mi amiga Kimberly. Ella está sirviendo como misionera en la India junto a sus padres. Ella desea casarse y no puede esperar para ser mamá. Y aunque ama al pueblo de la India y la obra a la que ha sido llamada por Dios, a menudo lucha con la duda. ¿Está la India impidiendo que ella consiga un esposo? ¿Podrá Dios proveer?

Recientemente, me envió un mensaje vía correo electrónico sobre un sueño que Dios le dio. El mismo sirvió para renovar su fe en Él. Espero que a ti te estimule de igual manera.

Vi como la mano del Creador me iba formando desde pequeñita. Las mismas manos que habían creado los cielos y las estrellas me estaban moldeando cuidadosamente. Yo estaba maravillada y agradecida.

Lloré al observarme a mí misma, ahora como una joven mujer, sentada en el centro de la palma de su mano, con las rodillas recogidas cerca de mi pecho y levantada mi cabeza hacia el Amante de mi alma —el que es mi todo—. Yo estaba concentrada en Él, y solamente en Él. Mi mirada se inundó de su rostro. Y él parecía deleitarse tanto como yo de recibir mi completa atención. Estuve así sentada por lo que pareció ser una eternidad, maravillada y comunicándome con mi Salvador. Mis ojos deleitándose plenamente en Él.

Mientras estuve sentada, pude notar que su otra mano se acercaba a mí, y en ella lo pude ver. Supe quién era tan pronto me percaté que era un hombre.

Dimos un brinco, y simultáneamente nos paramos y levantamos la vista hacia el Maestro.

"¿Es él?", pregunté, "el hombre que he estado esperando? ¿El que ha estado esperando por mí? ¿Es él?"

Pude escuchar que él también preguntaba lo mismo de mí. "¿Es ella? ¿Es ella la mujer que he estado esperando? ¿La que ha estado esperando por mí?"

Nuestras voces temblaron de emoción, pero no se podían comparar con el gozo y el placer que se dejó escuchar en la voz de Dios cuando sonrió y dijo: "sí". Y juntando sus manos, unió nuestras manos y nos entregó al mundo... juntos.

"No tengo palabras para expresar el gozo y la paz que este sueño trajo a mi corazón", me dijo Kimberly. Para mí, representó una afirmación de lo que la Biblia enseña con tanta claridad. Dios la ha creado y formado (Salmo 119:73). Dios la ha conocido en la intimidad (Salmo 139:2) Antes que nada, Dios quiso que ella lo mirara a Él, y dependiera de Él para la plena satisfacción de su alma (Salmo 42:1).

Kimberly le contó el sueño a varios amigos. Cada uno de ellos le preguntó: "¿Y cómo era su apariencia? ¿Cómo se veía tu esposo?"

"No lo sé", les respondió ella. "Nunca pude ver su rostro con claridad. Pero está bien, porque conozco el rostro de Aquel a quien estoy mirando en este momento, y eso es lo único que importa".

En aquel día

Sí, eso es lo único que importa. Y aun después del matrimonio, continuará siendo lo que más importa. Cuando el matrimonio es motivado por la pasión de agradar a Dios, el mismo no es una distracción para nosotros. Un matrimonio piadoso es un hombre y una mujer, parados uno al lado del otro en la mano de la providencia divina, mirándolo a Él fijamente.

Y cierto día en el cielo, cuando esta vida haya acabado, podrás ver su rostro tal como es. Podrás mirar en sus ojos. Imagínate tal conversación con Jesús. ¿Piensas que en aquel día estarás preguntando sobre Su plan para tu vida? ¿Piensas que tendrás razón alguna para acusarlo de tacañería o infidelidad? ¿Piensas que te quejarás por haber tenido que esperar tanto tiempo por un cónyuge? ¿O por qué nunca te casaste?

No vas a hacer ninguna de estas cosas, porque en el cielo, verás y conocerás la perfección de Su plan para ti. No será algo teórico. Ya no será una simple promesa bíblica. Podrás verlo como el hecho innegable que es. Lo que le dirás a Él en aquel día es que fue fiel. Le dirás que sus decisiones fueron exactamente lo que hubieras escogido, de haber conocido lo que ahora conoces.

La Biblia nos dice que la historia humana culminará en una boda (Apocalipsis 19:7). Nosotros, la iglesia, seremos la novia de Cristo. Y en aquella celebración, no habrá desilusiones. No habrá lágrimas de tristeza. Ningún hombre o mujer tendrá que observar desde lejos, preguntándose cuándo le llegará su momento. Aquel momento será nuestro momento —el momento para el cual fuimos creados—. Cada uno de nosotros atesorará la singular historia de gracia que Dios escribió en nuestras vidas. Y todos veremos que *esta*, es la boda de la que se ha estado hablando en todas las demás bodas. Que este Novio, es el que nuestros corazones ha anhelado.

¿Crees en *aquel día*? Entonces, confía en Dios, *hoy*.

Hazte la siguiente pregunta: ¿Cómo sería para ti el vivir a la luz de *aquel día*? ¿Qué significaría el vivir con una fe radical en la bondad de Dios? ¿Qué harías diferente de lo que estás haciendo ahora?

¿Dejarías de preocuparte?

¿Dejarías de quejarte?

Si eres hombre, ¿la llamarías?

Si eres mujer, ¿esperarías hasta que él llame?

¿Permitirías que la sabiduría guiara tu romance?
¿Dejarías de creer las mentiras de la lujuria?
¿Terminarías con una relación que sabes no es buena?
¿Vivirías con valentía?
¿Dirías que sí?

Imagínate que vives la vida a la luz de *aquel día*. Tu historia ya ha comenzado, pero hoy podría ser el gran día de cambios y decisiones. Hoy podría ser el día cuando escoges creer y obedecer la Palabra de Dios de todo tu corazón.

Nuestra historia es su historia

A Shannon y a mí nos agrada volver a contar nuestra historia de amor. No porque seamos los personajes más elegantes o impresionantes. No porque sea la historia más romántica que jamás hayamos escuchado. Nos agrada porque es *nuestra* historia, sobre la gracia de Dios.

Es la historia de cómo nos salvó del pecado, y luego nos juntó, trayéndonos de polos opuestos del país. Cómo escuchó nuestras oraciones y las contestó. Cómo vio con claridad, cuando para nosotros el futuro era incierto. Cómo es que supo con toda certeza, cuando en nosotros había inseguridad. Cómo estuvo obrando todo el tiempo que estuvimos paralizados.

Nos agrada lo maravilloso que es la soberanía de Dios. Él me vio sentado en una iglesia mientras escuchaba a Shannon relatar la historia de su conversión. Yo ni siquiera podía imaginarlo, pero Él sí sabía que dos años más tarde nos estaríamos casando en la misma iglesia.

Dios vio a Shannon durante los momentos difíciles que precedieron nuestra relación de cortejo, cuando en su lucha con sus sentimientos hacia mí, ella salía por el vestíbulo de la iglesia con gran pesar en su corazón. Él vio su llanto y sus lágrimas mientras manejaba el auto camino a su casa. Ella no lo sabía, pero Dios sí sabía que sólo doce meses más tarde ella estaría saliendo por las mismas puertas de la misma iglesia como mi esposa, y en esta ocasión, bajo una lluvia de pétalos de rosas bancas, y hacia un auto que esperaba para llevarnos a nuestra luna de miel.

Nosotros no lo sabíamos, pero Él, sí lo sabía. Él lo supo en todo momento.

En nuestras invitaciones de boda citamos el siguiente pasaje tomado del libro *The Mystery of Marriage (El misterio que es el matrimonio)*, del autor Mike Mason:

El verdadero amor siempre es predestinado. El mismo fue ordenado desde antes de la creación del tiempo. Entre las coincidencias, es la que más preparación ha tenido. Y el destino, por supuesto, no es otra cosa que un término secular para la voluntad de Dios, y coincidencia de su gracia.

Esto es lo que aprendimos en nuestra relación de cortejo. Nuestra historia de amor, como todas las verdaderas historias de amor, fue orquestada por Dios. Todas las coincidencias que la hicieron posible fueron meras intervenciones de su gracia. Nuestra historia fue Su historia.

No me sorprenderá si en el cielo se vuelven a relatar las historias de amor. Pero los cuentos de "él y ella" no serán testimonios sobre el poder del amor o la bondad humana. En vez de eso, serán testimonios de la misericordia, del amor, y la bondad de Dios.

Sendas derechas

Mi propósito con este libro no ha sido descubrir algún método o programa para las relaciones. No deseo que al leerlo te conviertas en un apasionado a favor de la "relación de cortejo" o de las "citas amorosas". Lo que sí espero es que seas más apasionado acerca de Dios, que puedas desarrollar más confianza en su carácter, y mucha más emoción por vivir para su gloria.

No pretendo ser un experto. Si eres soltero, sólo te llevo unos pasos cortos de delantera en este camino. Pero miro hacia atrás y quiero animarte de la siguiente manera: El camino de Dios siempre es el mejor. Su tiempo es perfecto. Vale la pena esperar en Él. Darle la honra que Él merece, y poner en práctica sus principios mientras te encaminas hacia el matrimonio te llevará a experimentar pleno gozo y satisfacción.

No conozco los retos específicos que estás enfrentando, o el dolor que sientes a causa de errores pasados. Las probabilidades son que tu historia se desarrolle muy diferente de la mía. Proverbios 3:5-6 nos brinda una promesa para todos nosotros:

> Confía en el SEÑOR con todo tu corazón, y no te apoyes en tu propio entendimiento. Reconócele en todos tus caminos, y Él enderezará tus sendas.

Esta promesa se hizo realidad en mi vida. Y fue una realidad en la vida de Shannon también. Y aunque nuestra confianza no era la más perfecta, Dios nos mostró que Él es digno de recibir toda nuestra confianza.

Con este anillo

Después de haber expresado nuestros votos el uno al otro, e intercambiamos anillos como símbolo de nuestro compromiso, faltaba algo por hacer. Me había parecido que pasó tanto tiempo en llegar, pero al fin escuché a mi pastor enunciar las palabras.

"Joshua y Shannon", dijo él, dando evidencia con la voz de su propia felicidad, "habiendo hecho este pacto delante de Dios y el uno al otro, y con la autoridad que me concede el Señor Jesucristo y el estado de Maryland, los declaro marido y mujer".

Y entonces hizo una pausa, y sonrió.

"Joshua, has esperado muchos meses por este momento. Es un gozo para mí invitarte en este momento a que beses a tu esposa".

Y lo hice. Y ahora que ella se encontraba entre mis brazos, la espera no me pareció haber sido tan larga.

En realidad, es una historia muy sencilla.

Dos personas que aprenden a confiar en Dios.

Dos sendas torcidas que Dios enderezó.

Dos sendas rectas que Él escogió para que se cruzaran en el momento preciso. Ambos observamos cómo Él lo hizo. Y con todos los momentos de dificultad que enfrentamos, no cambiaríamos tal experiencia por nada en el mundo.

Dios desea hacer lo mismo por ti.

Sí, por ti.

El Creador del romance, el Hacedor que orquestó el primer encuentro entre "él y ella" hace tanto tiempo en el Jardín, aún continúa obrando.

Notas

Capítulo 2

Para una explicación más detallada de la declaración "Dios se glorifica más cuando estamos más satisfechos en él", los estimulo a leer los siguientes libros de John Piper, *Desiring God* (Sisters, Ore.: Multnomah Books, 1996) y *The Pleasures of God* (Sisters, Ore.: Multnomah Books, 1991).

Capítulo 3

Eugene Peterson, "Introduction to Proverbs", en *The Message* (Colorado Springs, Colo.: Navpress, 1993), 862.

Capítulo 4

John Calvin, *Calvin Institutes of the Christian Religion I*, ed. John T. McNeill (Philadelphia, Penn.: Westminster Press, 1960).

C. S. Lewis en Dr. Bruce Waltke, *Finding the Will of God* (Gresham, Ore.: Vision House Publishing, 1995), 31.

Kin Hubbard, "*Lack o' Pep*", en Abe Martin, *Hoss Sense and Nonsense,* (1926), 19.

L. M. Montgomery, *Anne of Avonlea* (Nueva York: Harper and Row, 1985), 277.

Capítulo 6

Matthew Henry, *Commentary on Genesis*, citado en el ejemplar Primavera 1999 del *Counsel on Biblical Manhood and Womanhood Newsletter*, P.O. Box 7337, Libertyville, IL 60048.

Elisabeth Elliot, *The Mark of a Man* (Grand Rapids, Mich.: Fleming H. Revell, 1981), 13.

John Stott, en Alexander Strauch, *Men and Women Equal Yet Different* (Littleton, Colo.: Lewis and Roth Publishers, 1999), 76.
Elliot, *The Mark of a Man*, 158.

Capítulo 7

Gary y Betsy Ricucci, *Love that Lasts* (Gaithersburgh, Md.: PDI Communications, 1992), 28. Usado con permiso.

Capítulo 8

"All in a Day's Work", *Reader's Digest*, octubre 1999.

Capítulo 9

Douglas Jones, "Worshiping with Body", *Credenda Agenda*, vol. 10, no. 2.

John MacArthur, *Commentary on Hebrews*, citado en *Credenda Agenda*, vol. 2 no. 11

Deborah Belonick, "Safe Sex Isn't Always Safe for the Soul", www.beliefnet.com.

John White, *Eros Defiled* (Downers Grove, Ill.: Intervarsity Press, 1877), 53.

Bethany Torode, "(Don't) Kiss Me", publicado originalmente por *Boundles Webzine,* www.boundless.org. Usado con permiso.

Capítulo 10

Joni Eareckson Tada y Steven Estes, *When God Weeps* (Grand Rapids. Mich.: Zondervan Publishing House, 1997), 52-4. Usado con permiso.

Rebecca Pippert, *Hope Has Its Reasons* (Nueva York: Guideposts, 1989), 102-4. Usado con permiso.

John Stott, *The Cross* (Downers Grove, Ill.: Intervarsity Press, 1986), 60-1.

Ibid., 12

Jay Adams, *From Forgiven to Forgiving* (Amityville, NY.: Calvary Press, 1994), 12

David Boehi, Brent Nelson, Jeff Schulte, y Lloyd Shadrac, *Preparing for Marriage*, ed. Dennis Rainey (Ventura, Calif.: Gospel Light, 1887) 226-9.

Capítulo 11

David Powlison y John Yenchko, "Should We get Married?" *Journal of Biblical Counseling* 14 (primavera 1996): 42. Para subscripciones sírvase llamar al (215) 884-7676, o visite www.ccef.org. El artículo de David Powlison y John Yenchko está disponible en forma de folleto y lleva por título *Pre-Engagement: 5 Questions to Ask Yourselves*. Para pedidos comuníquese con Resources for Changing Lives, 1803 E. Willow Grove Ave., Glenside, PA 19038 o llame al (800) 318-2186.

Douglas Wilson, "Choosing a Wife", *Credenda Agenda* vol. 10, no. 1

Eva MacAllaster en *Recovering Biblical Manhood and Womanhood*, ed. John Piper y Wayne Grudem (Wheaton Ill: Crossway Books, 1991), xxii.

Capítulo 12

Mike Mason, *The Mystery of Marriage: As Iron Sharpens Iron* (Sisters, Ore.: Multnomah Books, 1985), 74.

Agradecimientos

A Apple Computers por el PowerBook G3

A todas las personas que, aunque hayan estado o no de acuerdo con *"Le dije adiós a las citas amorosas"*, estuvieron dispuestos a leer lo que yo tenía que decir. Me siento muy honrado.

A todos en Celebración, quienes oraron por mí.

A todos los "propietarios" que me alquilaron espacio de oficina: Flower Hill y Rockville Starbucks, Ahmich Khalid en el Corner Bakery, Barnes and Noble, The Original Pancake House, Pho 75, Baja Fresh, India Grill y Einstein's.

A David Sacks por nuestra amistad y por las maravillosas fotos de la cubierta de este libro. A Kevin y a Megan por diseñar la portada del libro.

A todos los que llenaron mi sala de y participaron en grupos de discusión. Gracias por su honestidad.

A Carolyn McCulley, Jon Ward, Cara Nalle, Eric Hughes, Jeff Purswell, John Loftness, Marie Silard, Janelle Mahaney, y a todas las personas que contribuyeron y me animaron a lo largo del camino.

A Rich y Christy Farris por permitirme relatar su asombrosa historia.

A Travis y Jonalee Earles por su piadoso ejemplo.

A David Powlison y John Yenchko por permitirme citar de su artículo. David, gracias por el almuerzo en Taco Bell y por todos tus consejos.

A Bob y Julie Kauflin, y a Kerrin, Megan y Russell, por permitirme acceso a sus vidas. Gracias Bob por dirigir la adoración en las conferencias y por siempre estar disponible para dialogar.

A Nicole Mahaney, mi amiga y asistente de investigaciones, quien me sirvió incansablemente. Estoy muy agradecido por toda tu ayuda.

A Debie Lechner, mi asistente en New Attitude; una amiga y hermana en Cristo que sirve tras bastidores y hace posible mi trabajo.

A Don Jacobson, Kevin Marks y al resto del equipo en Multnomah, quienes se interesaron más en el contenido de este libro que de su fecha de lanzamiento. Gracias por soportar todas mis tardanzas.

A mi editor y compañero de oración, David Koop. Cuando te conocí, Dios me sonrió. Gracias por nunca dudar que regresaría con algo cuando deambulé por el "bosque". A Heather Koop, por tus oportunos y provechosos memorandos. A Judith St. Pierre y Jennifer Gott, quienes heroicamente copiaron y editaron el libro.

A Rebecca St. James. Hace cuatro años te pedí que escribieras el prólogo para un libro. En esta ocasión te solicité una canción. Shannon y yo estamos muy agradecidos por tu amistad y por el tiempo que dedicaste a escribir *Wait for Me*. Es perfecta.

A nuestro grupo de apoyo en nuestra iglesia que nos cuidaron como pareja.

A los pastores de la iglesia Covenant Life Church quienes me han dirigido, apoyado y han orado por mí durante este proyecto. Y a los hermanos de la iglesia. Les dedico este libro a ustedes porque el fruto de sus vidas son prueba de que sus principios son verdaderos.

A C. J. Mahaney. Tu visión y confianza en la importancia de este libro me ha sostenido en muchas ocasiones durante el pasado año. Tu influencia ha tocado cada aspecto del mismo. Gracias por ser mi pastor y mi amigo. Gracias a Carolyn, por cuidar de mi esposa.

A mis padres, Gregg y Sono, por leer el primer borrador y decirme que era malísimo. En realidad, lo era. Mamá, tus oraciones y tus atentas llamadas me animaron grandemente. Gracias papá, por toda tu sabiduría, y por dejar de hacer tus cosas para leer capítulos.

A mi bebé, Emma Grace, el maravilloso regalo de Dios que llegó en medio de escribir el libro. Mirar tus ojos me ha hecho ver que vale la pena enfrentar las dificultades de este proyecto. Si algún día un chico lo lee, y como resultado está mejor preparado para ser un esposo amoroso para ti, no habré desperdiciado mi tiempo.

A Shannon, mi amante y mejor amiga. Querida, sólo Dios conoce cómo te sacrificaste por este libro. Gracias por tu humildad y tu disposición de ser un trofeo de la gracia de Dios. Innumerables vidas serán bendecidas por causa de ello. ¡Te amo!

Señor Jesús, ¿cómo podré agradecerte? Respondiste cada oración y en cada momento de angustia, me rescataste. En cada capítulo puedo contar una historia de tu misericordia. Las palabras de mi amigo y poeta Kevin Harnett, expresan el sentir que hay en mi corazón:

Que mis alabanzas se eleven cada vez más alto;
¡Que fuerte sea Su aclamación!
Alaben merecidamente al Rey de Gracia,
Y Señor sobre todo nombre.
Hacia Él, mi alma eleve digna alabanza;
Y que ni un solo pensamiento de Él se aparte;
Que sobresalgas como un adorador
¡Que adora en espíritu y verdad!

Que mis alabanzas se eleven cada vez más alto;
¿Acaso habrá causa mejor?
La intensa estimación de santidad
Su ira no dirige hacia mí.
Justicia que de mí no procede,
Mi refugio me hace estar seguro.
Por siempre vive ante el trono,
Y así mi acceso asegurar.

O Higher Let My Praise Reach! © 2000 *Kevin Hartnett.*
Usado con permiso.

Sobre el autor

Joshua Harris es director de New Attitude Ministries (Ministerios Nueva Actitud) y al presente se encuentra en entrenamiento pastoral en la iglesia Covenant Life Church en Gaithersburg, Maryland. Él y su esposa Shannon son padres de una bebé llamada Emma Grace.

Para mayor información sobre el ministerio de Joshua y la conferencia anual para estudiantes universitarios, en la cual él es anfitrión, visite su dirección en la red internet:

www.joshharris.com

Para comunicarse con Josh para una presentación o para que él le ofrezca información sobre este libro, escriba a:

Joshua Harris
P.O. Box 249
Gaithersburg, MD 20884-0249
DOIT4JESUS@aol.com